Yes Code

頭のいい人だけが知っている説得力

ロート製薬
新規事業開発部長
平田貴子

かんき出版

まえがき

絶対にヒットする企画だと思うのに、役員が首を縦に振ってくれない。
新システムを導入すれば仕事の効率が上がるのに、変えたくないと反対された。
クライアントからの急な依頼。対応をお願いしたのに「それはムリ」と拒否された。

なんでこの人たちは分かってくれないのか⁉　どうしたらこういう人たちを説得できるのか…？

おそらくこの本を手に取った人は、仕事で誰かを説得できず、悔しい思いをしている人でしょう。

どの職種においても、ビジネスパーソンの仕事の大半は、「説得」です。成功したときの仕事の成果が大きくなればなるほど、説得の難易度も上がっていきます。

ビジネスでスピーディーに成果を出すためには、相手からイエスを最短距離で引き出すことが重要です。

ところが、なかなかイエスをもらえないというのは、多くの人の現実でしょう。「何回も企画を練り直してもノーと言われる」というように、一人の人からイエスがもらえないこともあれば、「課長からはイエスをもらえたけれども、部長からノーと言われ、役員までたどりつけない」というように、一つの壁を突破しても次の壁に阻まれるということもあります。

とくに**日本企業はいまだいくつもの階層で構成されるピラミッド型の組織がマジョリティを占めます。**組織をフラットにしたといっても、それは形式だけで、現実的には階層型の組織と変わらない会社が多数派です。

時代劇で数多くの「襖《ふすま》」の奥にお殿様がいる、というシーンがありますが、それと同じように、**日本企業には開きづらい襖が何層にも立ちはだかっています。**それを1つひとつこじ開けていかないと、最終的なゴーサインが得られません。

日本企業は外資系企業と比べて意思決定が遅いと揶揄されますが、それはこの階層型組織が続いていることが大きな原因の一つです。

いずれにしても、人は他人からノーと言われたくないもの。ノーと言われると燃えてくる強者もいるかもしれませんが、ほとんどの人はノーと言われると心理的なダメージを受けます。それを何度も繰り返されれば、心が折れてしまうのも無理はありません。あるいは「あの人は分からず屋だから、説得なんてムリ」と相手のせいにしてあきらめてしまう。「二度と企画なんて出さない」と消極的になっていく……。こうしたケースは全国津々浦々で起きているのではないかと思います。

ただ、あなたもお気づきだと思いますが、相手を説得できない原因は日本企業の階層型組織にあるだけではありません。多くの場合、**あなたの説得の方法にも問題があります。**

仕事内容に関係なく、説得できる人とできない人の違いは共通している、というのが私の実感です。

その違いとは、

『Yes Code』を知っているかどうか」です。

申し遅れましたが、はじめまして、平田貴子と申します。

現在はロート製薬株式会社の経営企画部 新規事業開発部長をしています。今の会社に勤めるまでに数社を経験。キャリアとしては、一貫してマーケティングのプロフェッショナルとしての道を歩んできました。

大学卒業後に入社したフェリシモオリエントでは、香港発、日本市場向けの商品開発やPRを担当。

2004年にはP&Gに転職し、消臭剤の「ファブリーズ」や柔軟剤の「レノア」などのヒット商品の製品を担当しました。その後は、マーケティングデザインマネージャーとしてアメリカ、中国向け商品のブランディングにも携わりました。

その後、イオンに転職してブランド戦略室ディレクターを務め、王子ネピアでは赤字に低迷していた家庭紙全体のブランド改革を実施。

それからロート製薬に参画し、現在はアメリカの子会社に出向し、シリコンバレーを拠点にVP of New Business Developmentとして活動しています。

企業規模では大企業から中堅企業まで、バックグラウンドは伝統的日本企業からグローバル企業まで、多様な企業で仕事をしてきました。

そのなかで、**さまざまなタイプの説得を経験しています。**マーケティング戦略の価値を理解してもらうために利害関係者を説得したり、自社の製品を採用してもらうためにクライアントを説得したり、同じ方向を向いて仕事ができるように自分のチームのメンバーを説得したり、といったことです。皆さんと同様に悔しい思いをしたこともありますが、上手く説得することで、仕事の成果を挙げた経験もたくさんしています。

その経験から、仕事で成功する重要な鍵が「説得」だということを実感してきました。

では、さまざまな利害を持つ相手を説得するためには何が大切か。

私が実感したのが、前述した**「Yes Code」**の重要性です。

「Yes Code」とは、それを実行すれば、説得したい相手から簡単にイエスを引き出せる行動や考え方のこと。プログラミングでは、コードを入力してポチッとエンターキーを押せば、自動的にプログラムが動き始めますが、それと同じようなイメージです。「Y es Code」をわかっていれば、「これはイエスをもらえないだろうな……」というシチュエーションでも説得に成功するという最強のツールといってよいでしょう。

「Yes Code」で、とくにポイントといえるのは**「感情」**です。

説得というと、一般的に「ロジカルに説得することが大切」というイメージがあるのではないかと思います。みなさんも、ロジカルに説得するテクニックを身につけたいと、この本を手に取ったのかもしれません。

確かに、説得にはロジックも必要です。

しかし、相手を説得するのに必要な要素として、**「ロジカルであること」はほんの少しに過ぎません。**

それよりも重要なのは感情です。相手の感情をゆさぶり、わしづかみにできるかどうかが、説得の成功率を大きく左右する。

それが、私がさまざまな現場での説得を経験し、導き出した結論です。

人間は意思決定をロジックだけでおこなっているわけではありません。むしろ、感情によって意思決定をしているウェイトが非常に高い。

それはビジネスにおいても同じです。たとえば複数の取引先のなかから1社に絞る決め手は、金額やサービス内容などの条件だけではありません。**担当者の取り組む姿勢や人柄、熱意などもかなり加味されます。**大企業の取引でもそれは変わりません。

また社内で企画をプレゼンしたときも、意思決定者は企画内容だけでは判断していません。「誰が言っているか」で判断していることは少なくありません。たとえば企画の発案者は社内でどのような影響力を持っているかも考慮されますし、意思決定者との関係が良好かどうかも関係してきます。

さらには、「単純に、好きか嫌いか」といった極めてエモーショナルな要素も判断基準に含まれます。いくら企画内容が良くても「あいつはなんか生意気でいけ好かない」という非論理的な理由で企画が通らないことが、残念ながら大企業でもあり得ます。

また、何か反対意見を述べるときは、いくら正論だとしても、相手に悪い感情を抱かれていたら、はじめから聞く耳を持ってもらえません。

つまり、**どんなに正しいと思うことをロジカルに伝えたところで、相手の感情に目を向けないと、相手を説得することはできない**のです。

私が難しい局面でも相手を説得することができたのは、感情の重要性に気づき、それに基づいて戦略や戦術を立ててきたからです。

おそらく相手を説得できずに悩んできた人は、このような「感情」の観点がすっぽり抜けていたのではないでしょうか。頭では「感情が大事」となんとなくわかりつつも、「相手の感情なんてわからない。もしくは、考えるのが面倒くさい」と真剣に向き合うことを放棄していたのではないでしょうか。

残念ながら、それでは説得したい人からイエスを引き出すのは夢のまた夢。仕事の成果が出ないのも当然です。

もっとも、**今から「Ｙｅｓ Ｃｏｄｅ」を意識して取り入れれば、今まで説得下手だった人も、途端に説得上手に生まれ変わります。**

私が実践している「Ｙｅｓ Ｃｏｄｅ」についてあますことなくお伝えしていこうというのが、本書の目的です。

先に結論を述べておくと、「Ｙｅｓ Ｃｏｄｅ」は次の考え方を重要視しています。

・自分の影響力と信頼を高めること
・相手のベネフィット（利益、利点、恩恵）を突き止めること
・相手の感情を逆なでしないよう、順序を追って話を進めていくこと

これらを踏まえて、戦略的に説得をおこなっていけば、どんな相手からもイエスを引き出すことができます。その具体的な方法論をお伝えしていきましょう。

これらを習得すれば、「Ｙｅｓ Ｃｏｄｅ」に則《のっと》った行動ができるようになるでしょう。

ひとつ強調しておきたいのは、説得は相手の感情をゆさぶることが重要ではあるものの、決して「テクニックやトリックで相手を打ち負かす」という話ではないことです。

むしろ、「テクニックやトリックで相手を打ち負かすことではない」ということを伝えたい思いから、今回、説得をテーマにした本を書くことにしたのです。

説得力のある人間になることは、相手を尊重しつつも自分らしさを表現できる自分にな

ることだと私は考えています。

ただ、残念ながら、私たちはそれを教わる機会がほとんどありません。だから最終的には相手をテクニックで言いくるめようという思考に至ってしまうのです。

これからご説明する**説得の「Ｙｅｓ Ｃｏｄｅ」**を理解していただければ、説得とは１００％真実を語っていくスタンスでおこなうことが大切であるとおわかりいただけるでしょう。

今はデジタル化が進むなかで、お客様と企業との相互の結び付きがシームレスになってきています。そのなかで、相手の支持を得たり、行動を促進したりする上で、説得力はこれまで以上にたいへん貴重なスキルになっています。

説得力が身につくと、自分の意見を受け入れてもらえるだけでなく、周囲の人とのコミュニケーションがうまくいくようになります。議論がスムーズに進むようになるからです。そうしてコミュニケーションが円滑になると、相手に信頼してもらえるようになるので、深い人間関係が築けるようになります。

この本で「Ｙｅｓ Ｃｏｄｅ」を学べば、単に説得できるようになるだけでなく、自分の考え方が変わり、あなたの味方も自然に増えていくでしょう。

では、「Ｙｅｓ Ｃｏｄｅ」の戦略とはどのようなものなのか、さっそく解説していきましょう。

２０２４年６月
著者

第1章 説得にまつわる3つの誤解

第2章 「影響力」がないと、説得できない

第3章 説得は「準備」で決まる

第4章 「6つのC」で信頼をつかむ

第5章

説得の5つのステージ

第6章

こんな時はどうする？「説得ケーススタディ」Q＆A

編集協力：杉山直隆
装丁：小口翔平、神田つぐみ（tobufune）
本文デザイン・DTP：中井デザインオフィス

説得のYes Code

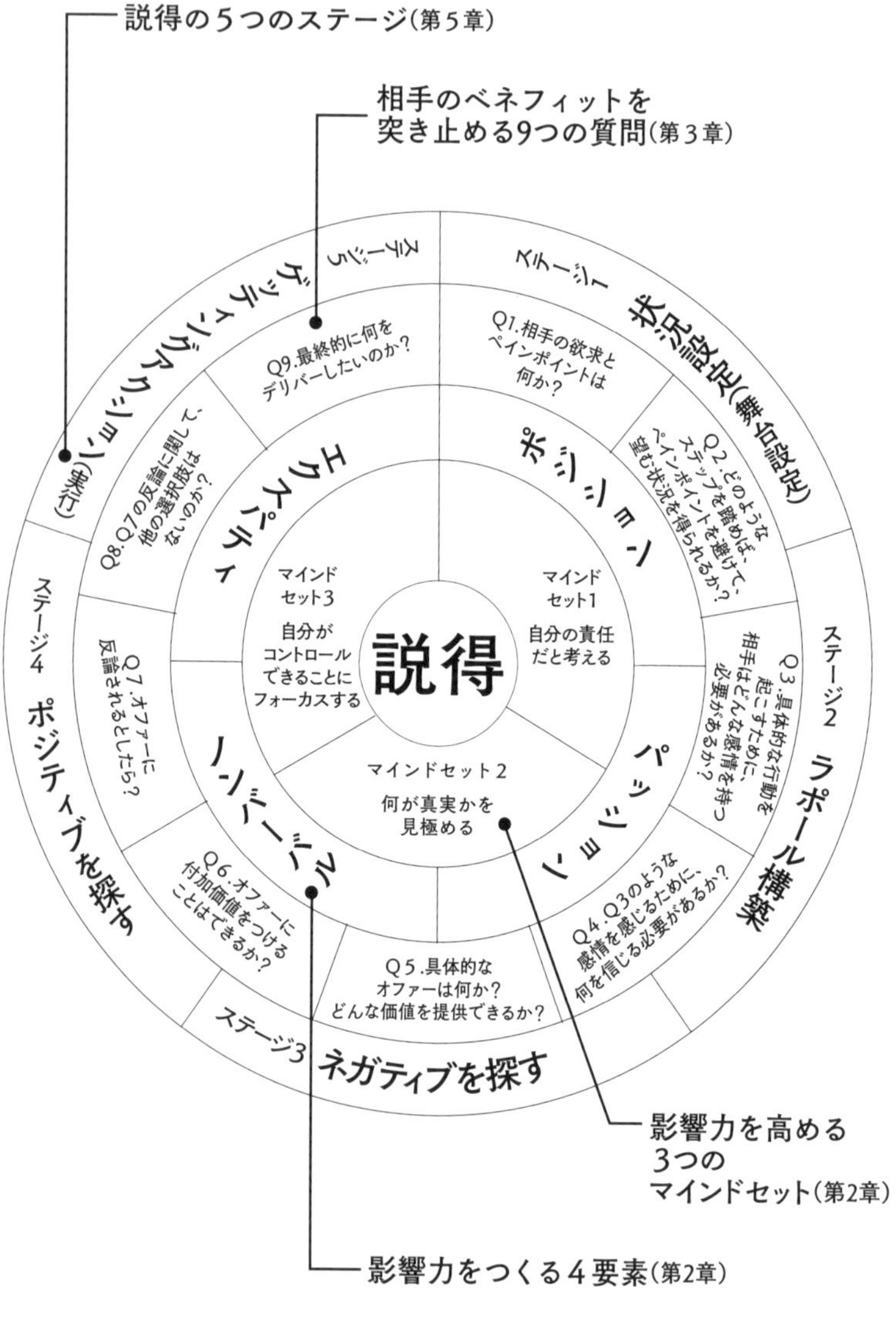
説得の５つのステージ（第５章）
相手のベネフィットを
突き止める9つの質問（第３章）
ステージ1 状況設定（舞台設定）
ステージ2 ラポール構築
ステージ3 ネガティブを探す
ステージ4 ポジティブを探す
ステージ5 ゲッティングアクション（実行）
Q1.相手の欲求と
ペインポイントは
何か？
Q2.どのような
ステップを踏めば、
ペインポイントを避けて、
望む状況を得られるか？
Q3.具体的な行動を
起こすために、
相手はどんな感情を持つ
必要があるか？
Q4.Q3のような
感情を感じるために、
何を信じる必要があるか？
Q5.具体的な
オファーは何か？
どんな価値を提供できるか？
Q6.オファーに
付加価値をつける
ことはできるか？
Q7.オファーに
反論されるとしたら？
Q8.Q7の反論に関して
他の選択肢は
ないのか？
Q9.最終的に何を
デリバーしたいのか？
ポジション
パッション
ノンバーバル
エクスパティ
マインド
セット1
自分の責任
だと考える
マインドセット2
何が真実かを
見極める
マインド
セット3
自分が
コントロール
できることに
フォーカスする
説得
影響力を高める
3つの
マインドセット（第2章）
影響力をつくる４要素（第2章）

第1章

説得にまつわる3つの誤解

説得に関する3つの誤解

まえがきで、「説得できない人は『Ｙｅｓ Ｃｏｄｅ』を知らない」という話をしました。そうした人に共通しているのが、「間違った『説得の常識』を信じ込んでいること」です。だから、相手を説得できない戦略を取ってしまうのですね。

では「間違った『説得の常識』」とは何でしょうか。私の主観ですが、とくに多くの人が陥っているのは、

「正しいことを言えば、説得できる」
「さまざまなベネフィットを伝えれば、説得できる」
「できない理由をつぶせば、説得できる」

の３つの誤解だと思います。一つひとつ見ていくことにしましょう。

誤解①「正しいことを言えば、説得できる」

1つ目の誤解は「正しいことを言えば、相手を説得できる」です。

論理的に考えれば「正しい」と思ったことを主張したのに、上司やチームのメンバーから却下されてしまった。「自分の言うことは絶対に正しいのに、なぜだ?」。そんな憤りを感じた経験のある人は、少なくないでしょう。たとえば、こんなふうに。

「商品Aの販促プランは、他社と差別化するために、プランXで行くべきだ」
「次期のリーダーはAさんよりも、実力のあるBさんが適任だ」
「新たな設備を導入すれば効率が上がるので、絶対に変えるべき」

しかし、正しいと思われる意見が通らないことなど、ビジネスの世界ではいくらでもあります。

その原因は「権力者の意見には逆らえない」というようなコントロールしにくいことも

ありますが、**意見を述べたその人自身に問題があることも少なくありません。**

それは、「相手を否定するような言い方をしていること」です。


人は誰でも、「自分は正しい」「自分は間違いない」と認めてほしい、という根本的な欲求を持っています。そして、自分の考えが一番正しいと思っているものです。

そんな自分を否定されるようなことを言われれば、聞いた相手は不愉快な気持ちになります。しかもオブラートに包むことなく、ストレートに「間違っている」と言われれば、カチンと来るでしょう。そんな相手に何かを言われたら、それが正しいことだとしても、耳を貸さなくなるのです。

相手がそういう頑なな態度を取れば、こちらも「なぜ正しいことを言っているのに……」と頭にきます。そして、互いにヒートアップして、こじれてしまうわけですね。


以前、私も、とあるサービスのカスタマーサービスと激しい言い合いになったことがありました。

あるＡＩサービスのサブスクに入会したのですが、何回ログインしてもログインできません。そこでカスタマーサービスに問い合わせたのですが、「こちらは間違っていない」「あなたのパソコンのセキュリティの問題だ」などと言って、非を認めようとしないのです。「そんなことはない」と反論するうちに、カスタマーサービスの人がヒートアップ。自分が言っていることを聞いてもらうために大きな声を出して、私を否定し始めました。そんな態度に私も頭にきて、言い合いになってしまったのですね（結局、なぜか1週間後に使えるようになり、どちらが悪いのかよくわからなかったのですが…）。

このエピソードで実感したのは、**「自分が正しい」と証明したいという気持ちは非常に強い**ということです。だから、それが脅かされそうになると、相手の言葉は一切耳に入らなくなる。そして、自分が言っていることを聞いてもらうために、大声で主張をし始めるわけです。

こうなってしまったら、説得などできるはずがありません。「自分は正しいことを言っている」という気持ちが強すぎると、このようなすれ違いを招いてしまうというわけです。

誤解②「さまざまなベネフィットを伝えれば、説得できる」

２つ目の誤解は「さまざまなベネフィット（利益、利点、恩恵）を伝えれば、相手を説得できる」です。

企画のプレゼンにしても、サービスの営業にしても、その企画やサービスのベネフィットや魅力をあますことなく伝えるのが当然だ、と考えている提案者は少なくないようです。**「それを伝えきらずに断られてしまったら、後悔してもしきれない」「何が琴線に触れるかわからないから、とにかくすべてを伝えよう」**。そう考えるのかもしれませんね。

それは間違いとはいえませんが、そうした考え方を持っているがために、間違った説得の仕方をしてしまうことがあります。

その一例が、私が1年ほど前に相談を受けた、不動産の営業パーソンです。

「同期と比べて営業成績が良くないので、何を改善したらいいのかアドバイスが欲しい」と言うので話を聞いてみると、その人はあらゆる努力をしている、と言います。キッチンの広さや床の材質、セキュリティなどのスペック、お子様の学校の区域などの立地は、マニュアル通りに説明しているし、お客様の質問にも真摯に答えているそうです。

しかし、話を聞き終わった後、私はこう言いました。

「お客様はどう感じているのかを確かめた？」

そして「今度からは自分が一つ話すたびに、お客様はどう感じたのかを意識的に確認したほうがいい」とアドバイスしました。具体的には、**自分から伝える情報を半分にして、その分、お客様がどのようなライフスタイルを望んでいるのかをヒアリングして引き出すこと。**それを踏まえて、「ここに住んだら、理想のライフスタイルが実現できますよ」と具体的にイメージ・共感してもらえるトークをするよう伝えました。

すると、その点を変更しただけで、劇的に営業成績が上がったそうです。

これは、この不動産営業パーソンに限った話ではないでしょう。

営業パーソンは基本的にモノを売ろうとするので、自分たちが持っている能力や可能性、ベネフィットをお伝えすることに集中する傾向があります。しかし、あれもこれも伝えたいという結果、相手の反応を見ないで、一方的にこちらの考えるベネフィットを伝えがちです。

しかし、それだけに一生懸命になって、お客様の声を聞かないと、相手は**「私の話を聞いてくれそうにない」**と感じます。また**「一方的に売り込まれると、言いくるめられそうだ」**と感じて、離れていってしまうのです。

このように、売り手側の一方的なセールスにうんざりしたことは、あなたもあるのではないでしょうか。

たとえば、自分が使っているのと異なる携帯電話キャリアのショップ店員から、「携帯電話キャリアを変えませんか?」とすすめられる。「キャリアを変えたくない」と言っても、ショップ店員は延々とキャリアの長所をゴリ押ししてくる……。

あるいは、屋根の修理会社が飛び込み営業に来たとき、もうすぐ引っ越すというのに、それを聞かずに「今すぐ屋根を修理したほうがいい」と営業してきた……。

このように、会話のキャッチボールができない相手に対しては、相手は悪い印象を抱きます。どんなに良い商品や企画を持っていたとしても、感情的に引いてしまうのです。

誤解③「できない理由をつぶせば、説得できる」

3つ目の誤解は、「できない理由をつぶせば、説得できる」です。

相手が「できない」と言ってきたとき、**「こうすればできる」「こうすれば大丈夫」とその理由をつぶしていくことで説得しようとする人**がいます。理由をすべてつぶせば、説得できると考えるのでしょう。

しかし、その説得の仕方では、ほとんど説得できません。

なぜなら、**人は、自分の行動を自分で決めたい生き物だ**からです。

かくいう私も、こんな失敗をしました。以前、オフィスで仲の良いチームメンバーが「運動不足」だと言うので、スポーツジムに通うことをすすめました。しかし、彼は何を言っても、「ジムに行っても、何をしていいのかわからない」「時間がない」「仕事が終わって疲れてそんな気もしない」とできない理由を並べ立てるのですね。

そこで、「パーソナルトレーナーのセッションを受ければいいんじゃない？」「近場で選べば、スケジューリングも調整が利く」「仕事が終わった後の疲れはデスクワーク疲れ。運動すると気分も冴えるし、ポジティブなエネルギーが出るので、すごく良いよ」と解決策を次から次へと伝えたのですが、結局やろうとはしませんでした。

このとき、私はベネフィットの伝え方が悪かったと思っていたのですが、考えているうちに、別の結論に行き着きました。

それは、**「できない理由をつぶしていったことが良くなかった」**ということです。

人は自分の行動を自分で決めたいものですから、言いくるめられるのは好きではありません。にもかかわらず、他人から「こうすべきだ」と正論を押し付けられると、心のシャッターが下りてしまいます。

良かれと思ってしたことでしたが、私は彼のシャッターを下ろしてしまったのです。

正しいことを述べると、感情を逆なでする

・正しいことを言えば、説得できる
・さまざまなベネフィットを伝えれば、説得できる
・できない理由をつぶせば、説得できる

以上で、説得にまつわる誤解を3つ、ピックアップしました。

この3つの話には共通するところがあるのですが、何かわかりますか？

それは、**「相手の『感情』という要素がすっぽり抜け落ちていること」**です。

正しいことをストレートに言われれば、相手は否定されたと感じて、不愉快になる。

こちらの考えるベネフィットを一方的に伝えたら、相手は「自分の意向が無視されている」と感じる。

できない理由をつぶされれば、相手は自分の行動がコントロールされているように感じて、窮屈さを覚える。

こうした相手の感情面の動きをまったく考慮していません。それどころか、感情を逆なでしているといえます。

こうした「説得できない」人たちが陥っている説得の落とし穴は、自分が伝えることの

形式に集中しすぎていることです。どのような順番で話していくか、どこを強調するか、いかにきれいにパワポの資料をつくるか……。こうしたことに集中しすぎて、感情的な部分をまったく考慮していません。

しかし、人間は感情の生き物であり、理屈だけで動いている人などいません。それが分かっていなければ、相手の心はつかめるはずがないでしょう。

人は感情で意思決定をする

私はP&Gやロート製薬などで、一貫してマーケティング業務を通して**「どうやってお客様に商品やサービスを届けるか」**を追究してきました。

そのなかで実感してきたのが、**「人は感情で意思決定をする」**ということです。

消費者の購買行動一つとっても、それがわかります。

最もわかりやすい例は、iPhoneです。

新しいiPhoneが販売されると、そのたびに、店の前に新しいiPhoneを求める人の大行列ができます。

1〜2世代前のiPhoneもまったく問題なく使えますが、1年ごとにアップグレードしたいという人は意外と少なくありません。劇的に機能が変わっているわけでもないのに、なぜ欲しくなるのか。「新しいiPhoneを持っているとかっこいい」「ステータスになる」というように、感情的な理由であるのは明らかです。

そして、人は感情で決めた結論を後から論理で正当化していきます。

たとえば「Aさんはあまり好きじゃないから、彼の企画を落とした」という感情論で判断を下した上司は、企画を落とした理由を、「Bさんの企画のほうが彼の企画より、SNSの運用面で優れている」などと理論で正当化していきます。

あるいは、新しいiPhone15が発売されてiPhone14から買い替える際、「カメラの解像度が高い」とか「高速なプロセッサーを搭載している」と、自分の決断を正当化するために技術的なスペックについてフォーカスするのですね。その技術の違いを上手く使いこなせる人なんてほとんどいませんが、技術的なスペックについて語ることで、その自分の判断を正当化するのです。

アップルが消費者の感情を捉えるのが上手いともいえますが、こうした**感情先行型の正当化は他の商品でも起こっています。**

ブランド品や野菜ジュースを買う理由も「感情」です。

たとえば、100万円以上するハイブランドのバッグは、実用性だけを考えたらそこまでお金をかけて買う必要はないでしょう。しかし、そのバッグを持っていると、人が通り過ぎたときに、「わあ、この人すごいなあ」「可愛いの持っているなあ」「この人、お金持ちなのでは?」とうらやむ視線を感じます。そんな**優越感という感情を買っている人は多いのではないか**と思います。

また、ニューヨークのフィフスアベニュー、ロサンゼルスのロデオドライブのような、ハイブランド店が立ち並ぶアメリカのストリートには、新鮮な野菜の生ジューススタンドがたくさんあります。今まではダイエットや健康に関心のある女性が買っていましたが、最近は男性が買っている姿を多く見かけるようになりました。この人たちは「美味しいから」「健康に気遣っているから」という理由で買うこともあるかもしれませんが、健康的な野菜ジュースを手にしていると、健康に気をつかっていて、若々しく見えるので、周囲の人から「素敵だな」と見られます。そうした感情を手に入れたいと思って、買っている人も少なからずいるでしょう。

また、私がよく行くサンフランシスコのビーチでは、スカイダイビングができるスポットがあって賑わっています。お金を出してスカイダイビングをする人は、爽快感やエキサイティングな気持ち、恐怖を克服することで自分自身に打ち勝って成長しているような感覚を買っているのではないかと思います。

別の角度から見ると、人は商品やサービスを感情で買うというより、**「感情そのものを買っている」**といっても良いかもしれません。

感情が先、戦術は後

消費行動に限らず、人は、少なからず感情で意思決定をしています。

それゆえに、商品やサービスをお客様に売り込むにしても、社内で企画を通すにしても、日常生活で何かお願いを聞いてもらうにしても、感情を無視しては絶対に説得できません。

嬉しい、怒っている、嫌悪感がある……。そうした相手の感情を引き出して、相手が求めているものを見つけ出せれば、相手が納得してイエスと言えるようなアプローチができます。

逆にいうと、相手といったん感情的に通じ合うことができれば、どんな決断においても、**感情的な判断を、いとも簡単に正当化してくれます。**だから正直、相手の心さえつかめば他のこともすべて後からついてきます。

感情が先、戦術が後。

先に感情面をつかむことが重要なのです。

まずは「Ｙｅｓ Ｃｏｄｅ」の詳細に入っていく前に、これまでの自分を振り返って、間違った説得をしていたことに気づくことが大切です。そして、今まで多くの説得のチャンスを失ってきたことを身をもって感じたほうがいいでしょう。それが出発点になります。

本書で述べた3つの誤解を解くこと。そうすることで、初めて説得という土俵に立って、戦えるようになるでしょう。

第2章

「影響力」がないと、説得できない

何を言うかより誰が言うか。「影響力」と「説得」はセット

第2章からは、「Yes Code」とは何かを詳しく解説していきます。

「Yes Code」を身につけるためには、相手の感情を考えて戦略的に話を進めていく必要がありますが、それだけでは足りません。

「まえがき」でもお話ししたように、重要なのは、「何を言うか」よりも、**「誰がそれを言うか」**。

話の内容以前に、説得する人の**「影響力」が大きく物を言う**、と私は考えています。

「影響力」とは、一言でいえば**「相手の思考や行動を左右できる力」**のことです。

こういうと、ロジカルな話の進め方や巧妙な話術を思い浮かべるかもしれませんが、私のいう「影響力」はどちらでもありません。話の内容に関係なく、相手に影響を与えるよ

うな力のことです。

たとえば、あなたがダイエットしたいと思って、ダイエットのアドバイザーのもとに相談に来たとしましょう。そのとき、アドバイザーが体重100kgを軽く超えるような太った人だったら、その人のアドバイスに耳を傾けるでしょうか。たとえその人が医師資格も持った世界的なアドバイザーで、本当はアドバイスの内容も優れていたとしても、その人の言うことには耳を貸さないと思います。説得力がないからです。

逆に、そのアドバイザーが自分がなりたいような体型をしていて、実年齢よりも10歳以上若く見えてエネルギーに満ちあふれていたら、たとえ有名な人でなくても、その人の言うことを聞きたくなると思います。間違ったことを言っていても、信じてしまうかもしれません。

これと同様に、ビジネスシーンの説得においても、**説得する人が持つ「影響力」は非常に重要**です。

たとえば、まったく同じ企画をプレゼンしたとしても、プレゼンをする人が、過去にさまざまなプロジェクトを成功させてきた人と、実績がない人とでは、説得力がまったく違います。前者だと平凡な企画でも通ってしまう一方、後者は素晴らしい企画でも通らないということも起こります。

「影響力」と「説得」は2つでセットといえるでしょう。

こう聞くと、「自分のような平凡な人間は『影響力』なんて持てない」と思う人もいるかもしれません。しかし、どんな人でも影響力を持つことは可能です。第2章では、普通のビジネスパーソンが影響力を持つ方法について、お話ししていきます。

私がこの本で目指したいのは、ネガティブな影響力ではなく、ポジティブな影響力のある人を生み出すことです。相手を説得することでより良い場所にたどり着けるというようなイメージです。そんな人物を目指していきましょう。

「ポジション」が高いだけで、影響力が高まる

まず押さえておきたいのは、「影響力」をつくる要素です。

代表的な要素は、**「ポジション」「パッション」「エクスパティ」「ノンバーバル」**の4つです。

最もわかりやすいのは、**「ポジション」**でしょう。

多くの場合、ポジションとは、特定の文脈・組織内での役割や地位のことを指します。

より高い地位、役割を持つ個人はより大きな権限、責任を持っているので、自然に大きな影響力を持つようになります。

ポジションが持つ影響力は、その人の説得力や発言力を強めます。

たとえば、あなたが大手企業に勤める一般社員だとしましょう。どう見てもやる意味のない企画を考えるように言われたとき、頼んできた人が会社でさしたる力を持たない課長

ならいろいろな理由をつけて断るかもしれません。一方で、人望が厚く将来の社長と目されている事業部長だとしたら、どうでしょうか。その人の威光に押されて、受けてしまう人もいるかもしれません。まして、世界的に有名なイーロン・マスクから「すまないが、朝までにやってくれ」と頼まれたら、一秒すら惜しまず全力で取り組むのではないかと思います。

たとえ理屈に合わないことでも、ポジションの高い人に言われると、説得されてしまうのはなぜか。おそらく、次のような思惑が働くからでしょう。

一つは、「断ったら、もっとネガティブなことがふりかかりそうで、断れない」ということです。別のキツイ仕事を頼まれたり、チャンスの大きな仕事が回ってこなくなったり、いざというときに助けてもらえなかったり……。こういう事態を招くのは、誰でも避けたいところです。

逆に、**「この人の頼みを聞いておけば、良い印象を与えることができて、後で良いことがあるかもしれない」と期待してしまう気持ちもあります。**「あのとき、よく頑張ってくれたから、チャンスをあげよう」と良い仕事が回ってくるかもしれない……と望みは薄いとわかっていても、少しは期待してしまいますよね。

また、「自分では意味がないと思ったけど、ポジションの高い人が言うことだから、もしかしたら意味があるのかもしれない」という考えもあるでしょう。ポジションが高い人には自分が及ばないような考えがあるし、視野も広い。そう考えると、ひとまず話に乗っておいたほうがいいのではないか、という思惑です。

このように、理屈に合わないことでも、説得する人のポジションが高いというだけで説得できることは、現実ではよくあります。

ポジションは社内の役職だけではありません。世界的な企業で働いている社員、一流とされる大学の教授、難関試験を合格した弁護士や公認会計士、有名大学や高校の卒業生など、**世の中にはさまざまな権威があります。**そうした権威を持っているだけで影響力が得られて、説得力が上がることは少なくありません。

また、**売り手とお客様のように、相対的な関係性によってポジションが決まることもあります。**通常時は、売り手がモノを売らせていただいているので、お客様のほうがポジションが高くなりますが、砂漠のど真ん中で水を売っていて、お客様がのどから手が出るほど水が欲しいという場合は、売り手のほうがポジションが高くなります。

人の熱意は伝染する。「パッション」でも影響力は高まる

ポジションに加えて、その人の影響力を決める要素が、**「パッション」「エクスパティ」「ノンバーバル」**です。

まず「パッション」は、その人の情熱のことです。

パッションには、**特定の個人の努力や大義、**アイデアに注ぐ情熱やエネルギーが多分に含まれています。

パッションを持った人が高い熱量でもって説得すると、それは伝染します。他の人たちにも興味や信念を共有できるので、説得されてしまうのです。

たとえば社内の企画プレゼンテーションにおいて、ポジションのパワーが低い若手社員であっても、「これは絶対やりたい！」と情熱を持って企画の可能性を伝えると、周りが

その勢いに押されて説得されてしまうことがあります。その感情が本物で、強ければ強いほど、影響力は強くなります。

何かに精通した「エクスパティ」も影響力に

「エクスパティ」は、その人の専門性のことです。

その人がその分野に関して専門知識を持っていたり、豊富な経験を持っていたりすると、影響力が高まり、説得力も生まれます。

たとえばマーケティングなら、最新のマーケティング理論を学んでいる人や、チャットGPTのような最新のテクノロジーにいち早く触れて、どうマーケティングに活かすかを研究している人は、**専門的な知識や知見を持っている、と一目置かれます。**

エンジニアでも営業でも人事でも同じことがいえるでしょう。

何か作業に関するスキルが高い人も、「エクスパティがある」とみなされます。たとえばエクセルやパワーポイントの扱いに長けている人。実は私はパワーポイントがとても好きで、いろいろなテクニックを使ってきれいなプレゼン資料を作っていたことから、周囲の人からも「パワーポイントが上手いね」と言われていました。こうしたこともエクスパティになります。

エクスパティは本業の仕事だけに限りません。ビジネススクールで学んだことでも、趣味の分野でも、会社に役立つことなら評価されます。たとえば、写真に関してプロ顔負けの撮影技術を持ち、プロ向けの機材を持っていれば、**その道のプロとして評価されます。**

実際、私が以前いた部署で、写真に関して趣味のレベルを大きく超えている人がいました。**「写真といえばあの人」**と知られていて、入社式や会社のイベントを撮影するだけでなく、特殊な商品画像の撮影が必要な際にあちこちの部署から声がかかって、アドバイスを求められていました。

また、趣味でプログラミングをかじっている人も、非ＩＴ企業なら一目置かれます。もしゴルフが上手だとしたら、ゴルフの接待が多い会社なら重宝されるでしょう。

このようなエクスパティは、説得をするときにも物を言います。

面白いのは、エクスパティを持った人が、それほど専門知識を持っていなくても言えるようなことを話しても、**専門的な意見のように聞こえること**です。

たとえば、写真の専門家とされている人が、「撮影するときに最も大切なことは心を込めて撮ることです」と言うと、周囲からは「技術を追究していくと、結局、テクニックよりも心に行き着くんだなぁ」と納得されてしまうというようなことです。

エクスパティはそれほど影響力があるというわけです。

声の質や見た目、ボディランゲージ……。「ノンバーバル」も影響力を左右する

もう一つ、影響力を高める要素が「ノンバーバル」です。

たとえば、**声の質や大きさ、トーン。話し方、見た目、表情、ボディランゲージなど、言葉にできない感覚的なものも含みます。**

これらの印象が良いと、影響力が高まり、説得力が生まれます。

たとえば、アイコンタクト。真っ直ぐに相手の目を見据えて話す人は、自信に満ちてい

て、信頼できるという印象を与えます。逆に視線を合わせずに、キョロキョロと目を動かす人は何か嘘をついているような印象を与えるので、説得力がありません。

見た目も、よれよれのスーツを着ていて猫背の人よりも、高価なスーツを身にまとい背筋がぴしっと伸びている人のほうが、説得力がある、という具合です。


話し方については、もう少し複雑かもしれません。大きな声で立て板に水のように話す人のほうが一見頼もしそうに感じますが、話し方が巧みすぎると、かえって信用できないということもあります。それよりは、ポツリポツリとでも自分の言葉で朴訥に話す人のほうが信用がおけるかもしれません。

そう考えると、**ノンバーバルはさまざまな要素の合わせ技で決まる**といっても良いでしょう。

人間は自分たちが見慣れているものに安心する、という側面もあります。高価なスーツをまとったシュッとした紳士淑女と、全身タトゥーが入ったパンクロックドラマーの人が並んでいたとき、実は後者のほうがビジネスで成功しているビリオネアでも、前者のほうが成功しているように見えてしまう。

ノンバーバルは、世の中のイメージに大きく左右される要素といえるでしょう。

イーロン・マスクやスティーブ・ジョブズの影響力とは

以上のように、**影響力とは、ポジション、パッション、エクスパティ、ノンバーバル、この4つのベースとなる要素で決まります。**この4つが1つずつ働き、影響力の基礎を作っていて、4つが揃うほど、影響力は大きくなります。

4つの構成要素の観点から、有名な経営者を見てみると、ポジションだけでなく、複数の要素を持っていることがわかります。

たとえば**イーロン・マスク**。

テスラやスペースXなど、複数の有名企業のCEOとして絶大な影響力を持っていますが、4つの要素で見てみると、ポジションだけではなく、複数の要素を持ち合わせているのがわかります。

たとえば、「パッション」。イーロン・マスクは野心的でかつ超未来的なアイデアに情熱を注ぐことで知られています。電気自動車のテスラや高速輸送のハイパーループやオープンAIなど、先進技術を使った企業の投資家でありCEOですし、スペースXは火星を植民地化するという大胆なプロジェクトです。未来に向かうリーダーシップという点で、彼の情熱は非常にクリアで、世界で絶大な影響力を持っています。

また、イーロン・マスクは、自分自身や自分の会社が直面する課題についてストレートに発信していて、リスナー・聴衆との感情的つながりを誘うことが多くあります。彼のX(旧Twitter)を見ていると、「人類の最大の問題を解決したい」「人類を進化させていく」など、野心的な目標を語ることで強力な感情を呼び起こしてフォロワーを完全に惹きつけているのがわかります。

彼は「ノンバーバル」にも注目すべき価値があります。イーロン・マスクのプレゼンテーションは有名で、非常にユニークなコミュニケーションスタイルをしています。素直さや時折顔を見せるユーモア、ブラックジョークが非常に大きな共感を呼んでいて、そこが強みになって、聴衆の心をギュッとつかむのです。

アップルの創業者である**スティーブ・ジョブズ**も、ポジションだけでなく、「パッション」や「ノンバーバル」に長けていたことは言うまでもないでしょう。彼自身が顧客や聴衆と対話する際の手段はプレゼンテーションですが、それだけでも情熱が伝わってきます。

アン・ハサウェイはフルーツを丸かじりしている？

影響力の恐ろしいところは、一回確立してしまうと、間違ったことでも信じ込ませるほどの力を持つことです。

以前、女優のアン・ハサウェイが、アメリカの生放送のテレビ番組で、司会者から「いつも肌がきれいだけど、何をやってるの？」と聞かれたことがありました。

そのとき、アン・ハサウェイは**「基本的にフルーツは丸かじりしている」**と答えたのです。たとえばオレンジは皮をむかずに、大きな口を開けて皮ごと丸かじりしているというのですね。

それを聞いて、聴衆から大きな驚きと感嘆を込めた声が沸き返ったのです。

しかし、その直後に彼女は**「本当にそんなことをやっていると思う？」**と笑いながら否定しました。

そして**「有名人の言うことだからといって、何でも信じちゃダメよ」**と言ったのです。

アン・ハサウェイは、「有名人の言うことを鵜呑みにしないで、その情報は本当かということを確認しなければいけない」と話していましたが、どんなにおかしいことでも影響力を持つ人の言葉を、無条件に信じてしまうのが人間の心理です。


言い換えると、私たちは真実を確認するよりも、いかに「その人が影響力のある人か」に目がいきがちだということです。だから、影響力さえあれば、誰でも人を信じ込ませて説得できる可能性が出てきます。

それを悪用しているのが詐欺師です。影響力が強い人のことを信用する心理を利用して、影響力が強い人のように見せかけるのです。

たとえば、投資詐欺をしようとしている人は、投資で儲かっているように見せるために、ありとあらゆることをします。投資の利益で買ったという高級車に乗り、そのなかでシャンパンを開けたりとか、ファーストクラスでドバイに来たとSNSに投稿したり、高級寿司店やフレンチなどに行ったりするわけですね。

実は高級車はレンタルだったり、ドバイに行っていなかったり、本当は一食にも事欠いたりしているのに、自信満々にそういうふりをする。ポジションが高い人のような行動をし、ノンバーバルを自信満々に振る舞うことで、ニセモノの影響力を演出しているわけですね。すると、騙されやすい人は、**「この人、ファーストクラスに乗れるほど儲かっているんだ。すごい」と錯覚します。**そういう人は、詐欺師が案内する高額な会費を取る投資クラブの誘いに乗って、本当に払ってしまうわけです。

詐欺師ではありませんが、インフルエンサーも、成功者のように見せるのがうまい人が少なくありません。

本書の読者の方には、影響力の悪用はしてほしくありませんが、影響力はそれぐらい大きな力を持っていることを知っておいても良いでしょう。

「私の言うことを聞かない」＝「自分には影響力がない」

こうした影響力は、説得するときのパワーバランスを大きく左右します。

いくら正しいことを言っても、ポジションのパワーがなく、エクスパティもなく、ノンバーバルの印象もいまいち…というようでは影響力が低いので、相手を説得できません。

会社でリーダークラスの立場にいながら、「うちのメンバーは、私の言うことを全然聞かない。言ったこともやらない」とグチっている人がいます。しかし、それは、**あなたに影響力がないといっているようなもの。**ストレートに言うと、あなたがしょぼくて舐められているから、言うことを聞いてもらえません。そういう人が部下を説得しようとしても、説得できるはずがないのです。

自分がうまく部下をまとめられない、仕事を遂行できない状況になったときに、それは部下のスキルのせいではなくて自分の影響力の無さに起因している、と思ったほうが良いでしょう。

いずれにしても重要なのは、**説得の際に、相手とのパワーバランスを客観的に見極めること。**ポジションが弱いならエクスパティやノンバーバルで補えるか？　パッションで攻めるか、などと、何かで補完することが必要です。

たとえば、**若手社員が役員や部門長クラスの方にプレゼンするときは、彼らが持たないエクスパティを強調し、「これをやっていきたい！」と情熱を持ってノンバーバルを駆使すれば、影響力が補完できます。**

自分の影響力だけで戦うのではなく、**周囲の人の影響力を使って自分だけでは足りない影響力を補完する方法もあります。**

たとえば、専門性を持った周囲の人を活用するのが、そのひとつ。ＡＩに関する企画を通したいときは、若手社員でもＡＩに精通している人をチームに加えると、「彼が関わっているのなら良い企画なのだろう」と影響力・説得力が生まれます。

外部から実力者を連れてくることで、影響力を生み出す手もあります。

たとえば、私がロート製薬でヘルスケア関連プロジェクトを企画したときは、アメリカでトップクラスのハーバード大学医学部のヘルスケアテクノロジーに特化した研究員「ヘルステックフェロー」を引き入れました。

ロート製薬は、そのヘルステックフェローが作ったスタートアップに協力することで、メディカルデバイス（医療機器）の市場で新しいソリューションを提供する機会を得ることができたのです。

ちなみに、私がそのヘルステックフェローを見つけ出したのは、ハーバードメディカルスクールとＭＩＴ（マサチューセッツ工科大学）のデュアルプログラムであるヘルステックイノベーションのクラスに通っていたときに知り合ったのですね。

このように他と協業することで、自分が持っていない要素を補えることが多くあります。

また、今はＳＮＳを使って社外人脈が簡単につくれる時代ですから、積極的に人との関係をつくっていくことで影響力を高めることができるでしょう。

影響力は日常で鍛えられる

このように他人の力を借りる手もありますが、いつもできるわけではありません。日頃から自分の影響力を高める努力をすることも重要です。

ポジションの力を持たない人が影響力を持ち、説得力を高めたいなら、残りのパッションン、エクスパティ、ノンバーバルを鍛えましょう。

まずはパッションから。日頃から、**自分の仕事に熱意と献身を示すのは重要です。**それをすることで、同僚のなかでも「すごく意欲的で献身的な人だ」と見られるようになります。

たとえば、ミーティングやブレストのときも、積極的に発言していれば、上司や同僚に熱意を示せるでしょう。良い発言をすれば、自分の存在価値も高まります。

そこまでいかなくても、日頃から、**同僚だけでなく、他の部署の人たちとコミュニケーションをこまめに取っておき、人間関係を構築しておくと良い**でしょう。信頼関係を築いていれば、いざ説得するときにも話を聞いてもらいやすくなります。

エクスパティに関しては、自分らしさを活かしていけば、誰でも身につけることはできます。まずは、**自分が比較的得意なことや好きな分野に打ち込んだり、何か興味のあることを勉強しましょう。**とくに若い人は自分の好きな分野で、何をエクスパティにするかを早急に見つけましょう。

ポイントは、今の職場で誰も持っていないエクスパティを見つけることです。

私の友人は20代半ばでネット系投資会社のマーケティングディレクターに抜擢されたのですが、なぜこのような人事がされたのかというと、証券会社で特化した領域のスキルを身につけた後、グーグルでマーケティングを担当していた経歴があり、いわゆる金融とITとマーケティングという合わせ技でユニークなキャリアを持っていたからと言えるでしょう。

この方のようなスターキャリアでなくとも、**自分の職場の誰もしていない分野に取り組んでいると、影響力が高まりやすくなります。**日本の企業や学校ではスペシャリストよりもジェネラリストを育てようとする傾向があるので、エクスパティが持ちづらいとは思いますが、自分の興味のある分野で探していくと良いでしょう。

その上で、蓄えた知見やアイデアを惜しみなく社内に共有することが大切です。

P&Gでは**「ラーニング and シェアリング」**という、グローバルのブランドチームが、成功・失敗したマーケティング手法を共有する場があります。ポジションが高い人でも低い人でも、みんなが自分のトライ&エラーを発表・共有します。それで**他のチームに貢献できると、「このケースはあの人に聞いたほうがいい」と一目置かれます。**

このような場がなくても、日頃から自分のトライ&エラーの結果や、専門性を知らしめておくと、一目置かれ、後々説得が必要になったときの影響力が生まれます。

ノンバーバルに関しても、自信に満ちた積極的な雰囲気を醸し出せるよう、普段からアイコンタクトや話し方、ボディランゲージなどを意識しておこないましょう。

私の場合、とある役員会に出たときは、女性は私一人で、最も年下でした。

そこで、会議室に入るとき、「おはようございます」と大きな声で挨拶するようにしていました。そうしていつも元気でハキハキしている印象を与えるようにしていたのです。

また、これは意図的ではありませんが、私はいつも会議に追われていたので、オフィスにいるときはよく小走りしていました。すると、「いつも一生懸命仕事している」「平田さんって元気で、いつもアクティブに忙しくお仕事している」とエネルギッシュな人だと思われるようになりました。

オフィスに一歩足を踏み入れたら、常に誰かがあなたを見ていて、評価していると考えたほうがいいでしょう。会議に限らず、自分がデスクにいるときも、人は結構見ているものです。「みんなに見られると思うと、気になって集中できない」という人もいるかもしれませんが、私は**「オフィスは仕事以外のことで自分を評価してもらえる空間」**と捉えています。オフィスで集中して仕事をしていると、それだけでも仕事に対する姿勢が伝わるもの。オフィスできちんとした行動をするのは、ある意味、ノンバーバルを伝える一番の近道だと思います。

以上のようなことの積み重ねが、いざ説得するときに生きてくるのです。逆に言うと、そういう努力をせずに、プレゼンの場だけでなんとかしようとするのは虫のいい話です。

あなたの影響力に足りないのはどこ？

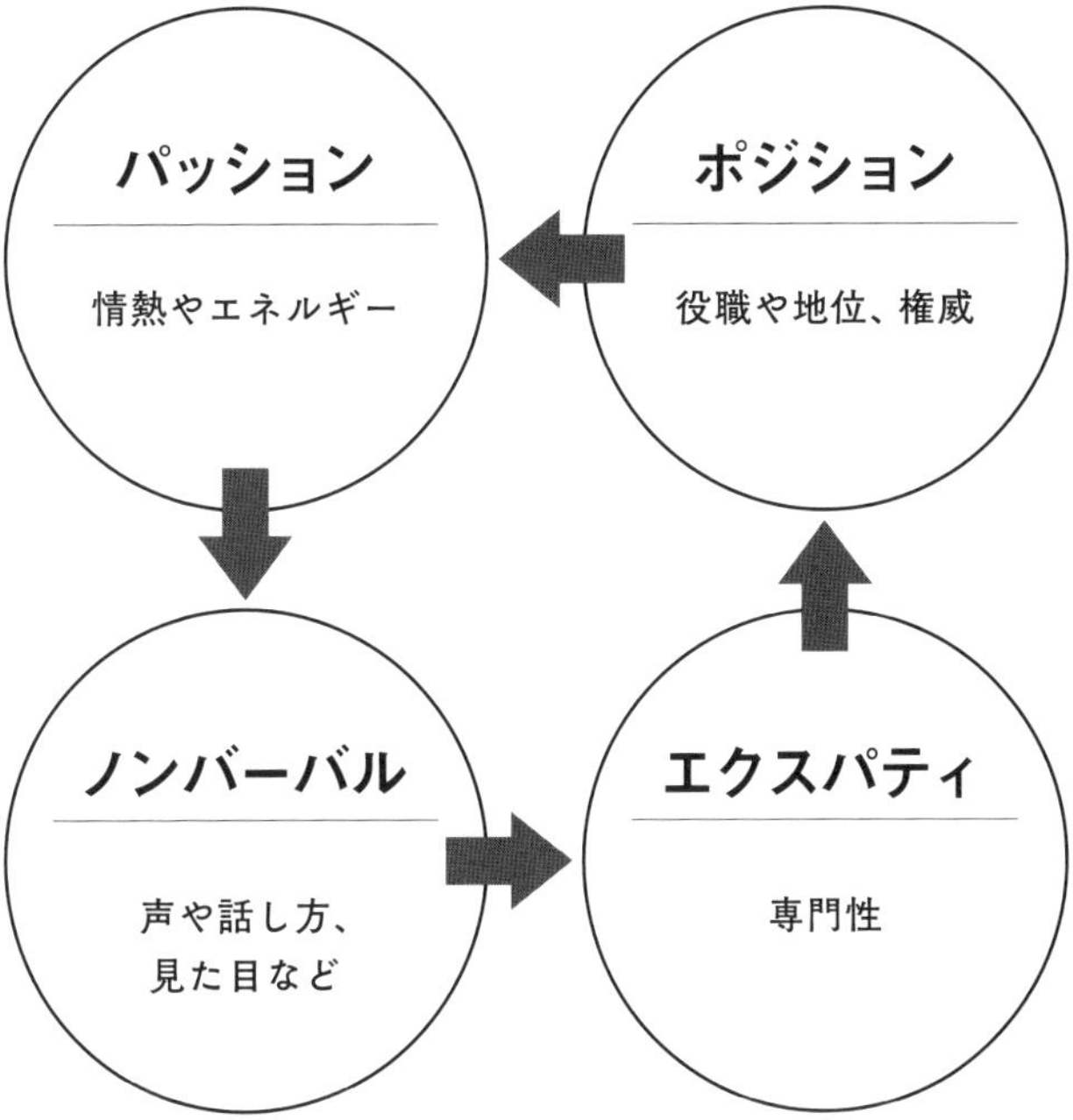

影響力を高める3つのマインドセット

ここまで影響力をつくる4つの要素を紹介しました。

もう一つ影響力を高める要素になるのが、ベースとなるマインドセットです。次のような考え方を持っていると、周囲から信頼されやすくなり、説得をするときでも話を聞き入れてもらいやすくなります。ぜひ意識してみてください。

マインドセット1．すべては自分の責任だと考える

会社で自分の企画を通そうとしたのだけれども、うまく通らない。上手く説得しきれない。そういうときは「もっとあの人が準備してくれたらよかったのに」「あの人が最初に説明してくれたらもっといい資料を作れたのに」「そのコネクションがあったなら先に知らせてくれれば活用できたのに」と周りの人や環境のせいにしがちです。「自分を守りたい」という心理が働くのでしょう。しかし、こうした他責思考は口に出さなくても漏れ出

てしまいます。

「すべては自分の責任である」というマインドセットを持つことが大切です。

自分の責任だと考えるようにすると、説得に限らず、自分で仕事をコントロールできるようになります。

説得でのアウトプットが間違えた方向に行ったときに、常に誰かのせいにしていると、振り返ったときに、自分ができることは何だったのか、改善点が何かが見えなくなります。改善できなければ、また同じような説得をしたときにも上手くいきません。

何が起こってもそれは自分の責任であるというマインドセットをしておくと、すべての改善点が見えてきて、どんどん成長できるようになります。

マインドセット2．何が真実かを見極める

何かトラブルが起きたときは、「何が真実なのかを見極める」意識を持ちましょう。

たとえば、私が通販会社で働き始めて間もないときに、台湾の会社とコラボレーションして商品を企画するため、台湾に出張したことがありました。

企画を提案するプレゼン資料を作成しようと思い、先輩に先方の情報を聞いたところ、「自分もあまり持っていない」と返答がありました。

わざわざ出張に行って自社の商品を売り込みに行くのに、相手の会社のことを知らないなんて……と思ったのですが、「適当にプレゼン資料、作っておいて」と言われ、とりあえず自分の調べた範囲の情報で資料を作成しました。先輩に見せると、「こんな感じでいいんじゃない」と言われたので、そのままプレゼンに臨んだのです。

そうしたら、案の定コケまして……。企画が通らないどころか、**企画が見当外れで、先方を怒らせてしまいました。**それだけではありません。その晩、先輩とその上司に「平田のせいで失敗した」と怒られたのです。

事前に作成した資料は先輩からOKをもらっていました。それなのに、若手で経験値の低い私が、恐ろしいほど責められたのです。自分たちは悪くないと言いたいがために、私に責任を押し付けたかったのでしょう。

前項で、自分の責任だと考えることが大切と話しましたが、こういうときでも、自分の責任にすべきでしょうか？

私の答えは、「それでも自分の責任だと考える必要がある」なのですが、もう一つ付け足したいことがあります。それは、**「客観的に、何が真実なのかを見極めること」**が重要だということです。嫌な言い方をされたという感情的な部分はいったん脇に置いておいて、このケースにおいて何が真実かといえば、「十分な情報がなかったこと」、そして**「私たちは先方の会社に何ができるのかという落とし込みが甘かったこと」**です。

「先輩が情報をくれなかったのが悪い」「上司が何も知らないくせに叱るのが悪い」と言っていたら、先輩や上司と同じで、何も進歩しなかったでしょう。それなら、次回からは自分がその点をきちんと押さえればいいだけのこと。そう考えれば、嫌な経験も糧にできます。感情は横に置いて、何が真実で、何が足りなかったのかにフォーカスすること。説得できるようにするためには、そうしたマインドセットをする必要があります。

マインドセット3. 自分がコントロールできることにフォーカスする

説得には、営業でモノを売ったり、チームで企画を通したり、とさまざまなシーンがありますが、どのようなステージにおいても重要なのは**「解釈力」**です。

一言でいえば、**自分の身の上に起こったことを整理して、捉え直していく力のこと**です。心理学でいわれる「認知的再評価」、英語で「cognitive reappraisal」と同じような考え方であり、ストレスを生む「ストレッサ」に対しての捉え方を修正し、事象を置き換えていく手法です。

自分の周りで起こる事象は一切コントロールできません。

たとえば、会社で「こういう企画を通そうよ」と言っても、「なんか面白くない」と言われて協力者が現れなかったり、他の部署からの反対があったり、さまざまな障害が立ちはだかります。たとえば、自分の議案が不当に扱われたり、上司に嫌がらせされたり、役員が足を引っ張ってきたりすることは自分が一切コントロールできないことです。

しかし、自分がどのようにそれに反応して、それを解釈し、次のアウトプットとして何を出せるかは、唯一自分でコントロールできます。それならば周囲の反応を冷静に捉えて、修正していくだけです。大切なのは、自分がどのようにその事象に対してリアクションを起こしていくのかだけ。このように、「解釈力」によって捉え直しを習慣化できると、自分ができることにフォーカスするようになります。それが説得の明暗を分けていくのです。

第3章

説得は「準備」で決まる

準備を怠ることは失敗する準備をすること

説得を成功させたいなら、絶対に欠かせないのが、「準備」です。

「準備を怠ることは、失敗する準備をすること」といっても過言ではありません。

事前にしっかり準備をしておけば、説得する場面でスムーズに話を運べますし、精神的にも安定するので、**相手に「自信を持って説得している」という印象を与えられます。**

では、具体的にどのような準備をすれば良いでしょうか？　私が実際におこなっていることも紹介しながら、解説していきましょう。

ここでもキーワードは「**感情**」です。

最も重要なのは「相手のベネフィットを突き止めること」

準備することはたくさんありますが、最も重要といっても良いのが、「相手のベネフィットを突き止めること」です。

どんな説得内容でも、相手を説得するためには、**相手にベネフィットを感じさせることが必要**です。それがなければ、人は動きません。

「そんなことは当たり前じゃないか」と思うかもしれませんが、実際の説得の場では意外とないがしろにされることが少なくありません。

先日、私の知人が勤めている消費財メーカーX社が、PR会社を選定したときの話は、そのわかりやすいケーススタディといえるでしょう。

最終候補として絞り込まれたのは大手企業A社と個人事業主Bさんです。

企画書を見たときはどちらも甲乙つけ難かったそうですが、プレゼンを経て、最終的に

X社が選んだのは**個人事業主Bさん**でした。X社は保守的な会社なので個人事業主との取引はほとんどなし。Bさんを選ぶと、X社が消費税を負担しなければならなかったのですが、それでもBさんのほうが良いと判断したそうです。

なぜBさんを選んだのでしょうか。その理由は「プレゼンで、自社のベネフィットを捉えた提案をしていたから」です。

A社はプレゼンで、テレビCMやイベント、大手企業との取引など華やかな実績をアピールしてきました。「自分たちはこんなこともあんなこともできる」という内容ではありましたが、X社の課題に刺さるような提案がありませんでした。テレビCMに関しては、X社はあえて打っていなかったので、興味がなかったそうです。要するに、**A社はX社のベネフィットに関してあまり研究していなかった**のですね。

それに対し、Bさんは、これまでの近接業界の消費財メーカーとの実績を中心に話し、「パブリックリリースを流した後にトラッキングをして、どういう情報を流したらどういう消費者が見ているのかがわかる」という効果検証に関する提案をしました。X社は以前からパブリックリリースの効果検証ができないことが悩みだったので、その提案に魅力を感じたのですね。

基本的にビジネスシーンで、相手企業に求めるものは「自分たちにどんなベネフィットがあるのか」です。

だから企画書の作成やプレゼンに臨む際には、相手のベネフィットをしっかり研究しなければなりません。**自分たちができることの発表会ではない**のです。

相手にヒアリングをしないうちからベネフィットを完璧につかむのは難しいかもしれませんが、できるだけ**準備段階で予測しておくことが大切**です。


私たちは自分の世界のレンズを通してすべての人を見ています。そのレンズによって、その人がどう考えていて、相手が何を感じていて、どんな経験をしてきたかというのを全部知っていると思い込みがちです。

しかし、それでは相手のことはわかりません。相手を知るためには、「相手の目から見て何が起こっているのかが自分はまったくわからない」という認識を持ったうえで、その人を知ろうとすることが必要です。

ベネフィットを考える2つの視点

ベネフィットには大きく分けて、**「機能的なベネフィット」**と**「感情的なベネフィット」**があります。

機能的なベネフィットとは、物質的な利益のことです。たとえば「お金がたくさん稼げて、いろいろなものが買えるようになった」「便利なものがもらえて、生産性が上がった」といったことですね。

感情的なベネフィットとは、感情的な利益のことです。「その仕事ができて楽しい」「役に立って嬉しい」というポジティブなこともあれば、「最悪の事態を防ぎたい」「未然に危機をつみとっておきたい」という**ネガティブなこと（ペインポイント）**もあります。

ベネフィットは人によってまったく違います。

たとえば、同じ最新のiPhoneを買ったとき、「便利なスマホが手に入った」と機能的なベネフィットを感じる人もいれば、「ステータス。自慢できる」と感じる人もいます。

たとえば、緊急の仕事を引き受けるとき、「残業代が稼げる」と思う人もいれば、「役に立てて嬉しい」「相手に恩を売っておけた」と思う人もいます。もちろん両方を感じる人もいるでしょう。

相手がどんなベネフィットを持っているのか、機能と感情の双方から考えてみましょう。とくに重要視したいのは**「感情的なベネフィット」**です。第1章でも述べましたが、相手はどういう感情を大切にして、何を避けようとしているのかを把握しないと、説得はできません。

相手が一人ではなく、会社などの組織の場合は、さまざまな思惑を想定しながら、組織のベネフィットを考える必要があります。難易度は上がりますが、それがわからなければ説得はできません。あきらめずに考えてみてください。

意思決定は「恐れ」に左右される

先ほどベネフィットには、「最悪の事態を防ぎたい」「未然に危機をつみとっておきたい」

というネガティブなこと（ペインポイント）もある、と述べました。

ペインポイントのうち、人が左右されやすいのが**「恐れ（fear：フィア）」**です。


「自分の資産を失いたくない」

「自分が死んでしまって、子どもを路頭に迷わせたくない」

「周囲の人にダサいと思われたくない」

というような、「こんなことが起こったら困る」「こんな事態は望まない」という感情です。


このような相手の「フィア・恐れ」を突き止められると、説得がしやすくなります。

その感情を汲み取って、説得に活かしている代表例が、**生命保険**です。

「あなたはシングルマザーですよね、大黒柱のあなたが突然亡くなったら、残されたお子さんはどうなりますか。誰がお子さんの世話をしますか」とフィア・恐れを刺激します。

そのうえで、「それに備えてこの保険に入っておきましょう」「この保険は、あなたが亡くなっても60歳までは毎月10万円ずつ生活費が支払われますよ」と話を持っていくのです。

保険という特定の手段によってのみ望まない事態を回避することができるとお客様に理解させることで、お客様は、保険に入らざるを得ない、と考えるようになります。

私がP&Gで手がけていた消臭剤のファブリーズの広告コンテンツでも、フィア・恐れのバージョンを用意していました。

たとえば、置き型ファブリーズのテレビコマーシャル。友人の家に遊びに行った子どもを迎えに行って、玄関のドアを開けた瞬間に「何？この家、下駄箱みたいに臭う」と。「もしかしたら、逆に自分の家にママ友が来たときに、玄関が臭いと思われるかもしれない…」というフィア・恐れが発生する、というストーリー。**それを避けるために、ファブリーズを買うしかない、という思考を生み出す**わけですね。

広告は、基本的に、消費者の思考の積み重ねによって最終的には買いたいと思ってもらう展開にしています。

「退屈な事態を避けたい」というフィア・恐れもあります。

たとえば、私は学習オタクなところがあり、UCLAのMBAの他にも、ハーバード大学やMITなどのコースを取って勉強しているのですが、「いろいろなことを学びたい」「夢中になったりエキサイトしたりしたい」という欲求だけでなく、「新しいことを学ぶことは、コンフォートゾーンから抜け出すことだ」「ペイン（痛み）はギフトであり、あえてしんどいことをすると成長する」という感情から勉強していることもあります。

相手のベネフィットを考えるときには、「フィア・恐れ」があることも頭に入れておきましょう。

ベネフィットを突き止める9つの質問

相手のベネフィットを突き止める上で役に立つのが、これから挙げる9つの質問です。これらを相手になり替わって答えてみましょう。

質問は**「ニーズ」「オファー」「反論」「デリバリー」**の4つのステージに分かれています。この順番で考えていくと漏れがありません。

ベネフィットを突き止めよう

1
相手の欲求と
ペインポイントは
何か？

2
どのような
ステップを踏めば、
ペインポイントを
避けて、望む状況を
得られるか？

3
具体的な行動を
起こすために、
相手はどんな感情を
持つ必要があるか？

4
Q3のような
感情を感じるために、
何を信じる
必要があるか？

5
具体的な
オファーは何か？
どんな価値を
提供できるか？

6
オファーに
付加価値をつける
ことはできるか？

7
オファーに
反論される
としたら？

8
Q7の反論に関して、
他の選択肢は
ないのか？

9
最終的に
何をデリバー
したいのか？

完璧に答えられなくても構いません。考えること自体が、相手のことを多面的に理解することにつながり、相手に寄り添っていくことにつながります。

事前にできるだけ答えておき、はっきり答えられない部分は会話を進めるなかで把握するようにしましょう。

相手にアプローチする前にこれらの質問に答える習慣をつけると、相手のベネフィットを自然と考えるクセがつきます。ぜひ取り入れてみてください。

Q1

ニーズについて

相手の欲求とペインポイントは何か？

Q1～Q4は潜在ニーズと顕在ニーズ、そのニーズ自体を探る質問です。

質問に答えることで、相手のニーズが見えてきます。

最初の質問で、相手の欲求（Want：ウォンツ）やペインポイントを探ります。それが事前にわかっていると、企画書やプレゼンでその感情に直接語りかけることができます。

欲求とは「これをすると楽しい」「これを買うとテンションが上がる」「これを持つと自尊心が高まる」というような感情に根ざした欲求のことです。

たとえば、この説得の本を買った人は、**「うまく説得することで自分のやりたいことを実現したい」**という欲求を持っているのではないかと思います。

一方、ペインポイントとは、やりたくないこと、痛み、苦痛など、ネガティブな感情を避けていきたいという欲求です。

たとえば、個人的なペインポイントなら「苦労したくない」「人に嫌われたくない」「勉強したくない」など、さまざまな痛みや苦痛があると思います。

この説得の本を買った人も、さまざまなペインポイントがあるのではないかと思います。**「説得できないと、嫌な仕事をしなければならない」**ということもあるでしょうし、**「いくら説得してもどうにも動かなかったときに『自分は本当にダメだな』と思いたくない」**というのもあるでしょう。

人は良い、快適な方向にばかり動いていきたいというわけではなく、痛みを避けるという行為をしたがるものです。

むしろ、苦痛を遠ざけたい気持ちのほうがモチベーションが上がることがあります。たとえば「これをやったら、20億円儲かりますよ」と言うよりも、**「これをやらなかったら将来20億円損しますよ」**と言われたほうが、行動するモチベーションが増大することがあるのです。勝つことよりも負けることを恐れているので、それを避けたいという感情が生まれるのですね。

だから、**ペインポイントを知ることで、その痛みを回避したいという感情を引き出すことができます。**

同じことをしても、抱く感情は、人によってバラバラです。生ジューススタンドに並んでいる男性は、賞賛を得たい、すごいと思われたいという感情のためにジュースを買うのかもしれないし、健康を感じるためにジュースを買うのかもしれません。あるいは、病気やそれに伴う苦痛を避けるためにジュースを買っている人もいるでしょう。

ペインポイントは、人だけでなく、企業の視点からもさまざまな痛みや苦痛が考えられます。「資金繰りに困りたくない」「仕事がない状態を避けたい」「人手不足で、社員に負担を強いたくない」「クレームを減らしたい」などの痛みや苦痛があります。

相手はどういう感情を大切にして、何を避けようとしているのかを、さまざまな角度から考えてみましょう。

Q2
ニーズについて
どのようなステップを踏めば、ペインポイントを避けて、望む状況を得られるか？

2つ目の質問は「どのようなステップを踏めば、ペインポイントを避けて、望む状況を得られるか」です。

そのペインポイントを回避して、さらに何か喜びや快楽を得るために、具体的にどのような行動をすれば良いか。その方向に一歩近づくために、相手・彼らが今できることは何か。これらを考えていきます。

たとえば、この説得の本でいえば、**「説得の本を買って、感情にリーチした説得を学び、ビジネス現場や日常生活で実践すること」**といえます。

この考え方はマーケティングの仕事に非常によく似ています。

広告をはじめとするマーケティングは、その商品を売り込んで、相手に納得してもらい、「欲しい」と思わせるプロセスです。広告媒体が相手を説得しているのです。それとまったく同じプロセスなので、「説得＝マーケティング」といえるのではないかと私は考えています。

Q3

ニーズについて

具体的な行動を起こすために、相手はどんな感情を持つ必要があるか？

Q2の具体的な行動を起こすためには、何らかの感情を感じる必要があります。なぜかというと、人は感情そのものを買うのですが、それと同時に、**今その感情を感じることに**

よって行動するからです。

たとえば、この説得の本でいえば、これを読まなければ人生で損をする、という恐れを感じさせることが挙げられます。

「この説得の方法を学ばないと、うまくプレゼンが通らない、うまくチームを率いていけない」「この本を読まないと、誰にも影響を与えることができず、自分自身が本当に取るに足らない存在と感じてしまう」。そのような危機感ですね。

もしかしたら、その人は、何かに対してすごくワクワクする人かもしれないし、何かに対して恐怖を感じる人かもしれません。それを考えてみましょう。

Q4

ニーズについて

Q3のような感情を感じるために、何を信じる必要があるか？

ニーズの4つ目の質問は、「その感情を感じるためには何を信じる必要があるのか」です。何かを信じるからこそ、最終的にその感情にリーチすることができます。その行動を起こすために、何かを真実だと信じる必要があるのです。

たとえば、美白したい女性がサプリメントを買うケース。買わないと美白できないのでモテないと信じること。だからこそ購入に至るといえます。

望んでいる感情をより多く得られること、または逆に望まない感情をより多く避けることが、特定の手段によってしか達成できないと信じられると、その人たちは自動的に行動するようになります。

Q5

オファーについて

具体的なオファーは何か？どんな価値を提供できるか？

ニーズを考えたら、次はオファー（提案）に関する質問を考えてみましょう。

最初の質問は「具体的なオファーは何か」です。

たとえば、ゴールが「お客様にこのジューサーを購入してもらい、毎日フレッシュなジュースを飲むことを習慣づけてほしい」だとしましょう。

その場合、具体的なオファーは**「毎日、フレッシュなジュースを飲む生活を始めてみませんか？」**です。

さらに、それによって、どんな価値を提供できるのかを考えます。

たとえば、ジューサーを買ってもらいたいなら「1カ月続けたら2・7kgやせた」、「お通じがよくなり、肌荒れが治った」などの実際の効果（価値）を考えるのですね。

また、ゴールが「忙しい取引先に納得してもらい、3日後までに対応しなければならない作業を引き受けてもらう」なら、具体的なオファーは「急ぎの対応をお願いする分、作業量を上乗せしてお支払いする」。それによって、「通常よりも利益が得られる」という価値が提供できます。

あるいは、ゴールが「役員を説得して、自分の企画を通したい」なら、具体的なオファーは「この説得の本を読むこと」。それによって、「難攻不落の役員を説得できる」「営業やマーケティングにも応用できる」「人間関係の構築にも役立つ」などの価値を提供できるといえるでしょう。

Q6

オファーについて

オファーに付加価値をつけることはできるか？

オファーのもう一つの質問は、**「もっと魅力的にするためにどのような価値の要素を付加できるか」**。価値を付加していくことで、価値自体が多面的になるイメージです。

たとえば、ジューサーのケースでいえば、「ジューサーを毎月低額でレンタルする」「ジュースにするための野菜や果物を定期的に配送する」「ジューサーを買ってくれたら、他の商品もプレゼント」など、最初のオファーに価値を積み上げていきます。

あるいは、急ぎの仕事をお願いする場合なら、「利益率の高い別件の仕事もお願いする」というような価値を積み上げます。

価値やブラッシュアップできる付加価値を考える上で参考になるのが、The Elements of Value Pyramid。顧客が製品やサービスを評価するときに、どういう価値があるのかを特定するのに役立つ「価値の要素」のことです。

テクノロジーが劇的に変化を遂げていく現代において、消費者のニーズは複雑に変化しています。

左図で示されたような30個の価値を当てはめ、商品やサービスの基本的な属性を特定していくのです。

バリューや価値は、機能的（ファンクショナル）、感情的（エモーショナル）、生活変換（ライフ・チェンジング）、社会的影響（ソーシャル・インパクト）の４つのカテゴリーに分かれて、図式化されています。

たとえば、**PayPay**のような電子決済サービスの価値は何かというと、「時間を節約できる」「簡素化できる」「労力を軽減できる」という機能的要素が組み合わさっています。

一方、１万ドル以上する**ライカのカメラ**はどうでしょうか。こうしたカメラを持つことの価値は、もう「自己実現」ですよね。あるいは、有名な写真家が１世紀にわたって使用してきたカメラを所有している「家宝」もあるでしょう。

この30の基本的な属性は非常にユニークです。価値要素のアプローチは、マズローの欲求階層構造を拡張しているといわれています。

製品・サービスがもたらす価値・バリューの要素が多ければ多いほど、顧客ロイヤルティは高まり、企業の収益も持続的に成長していきます。

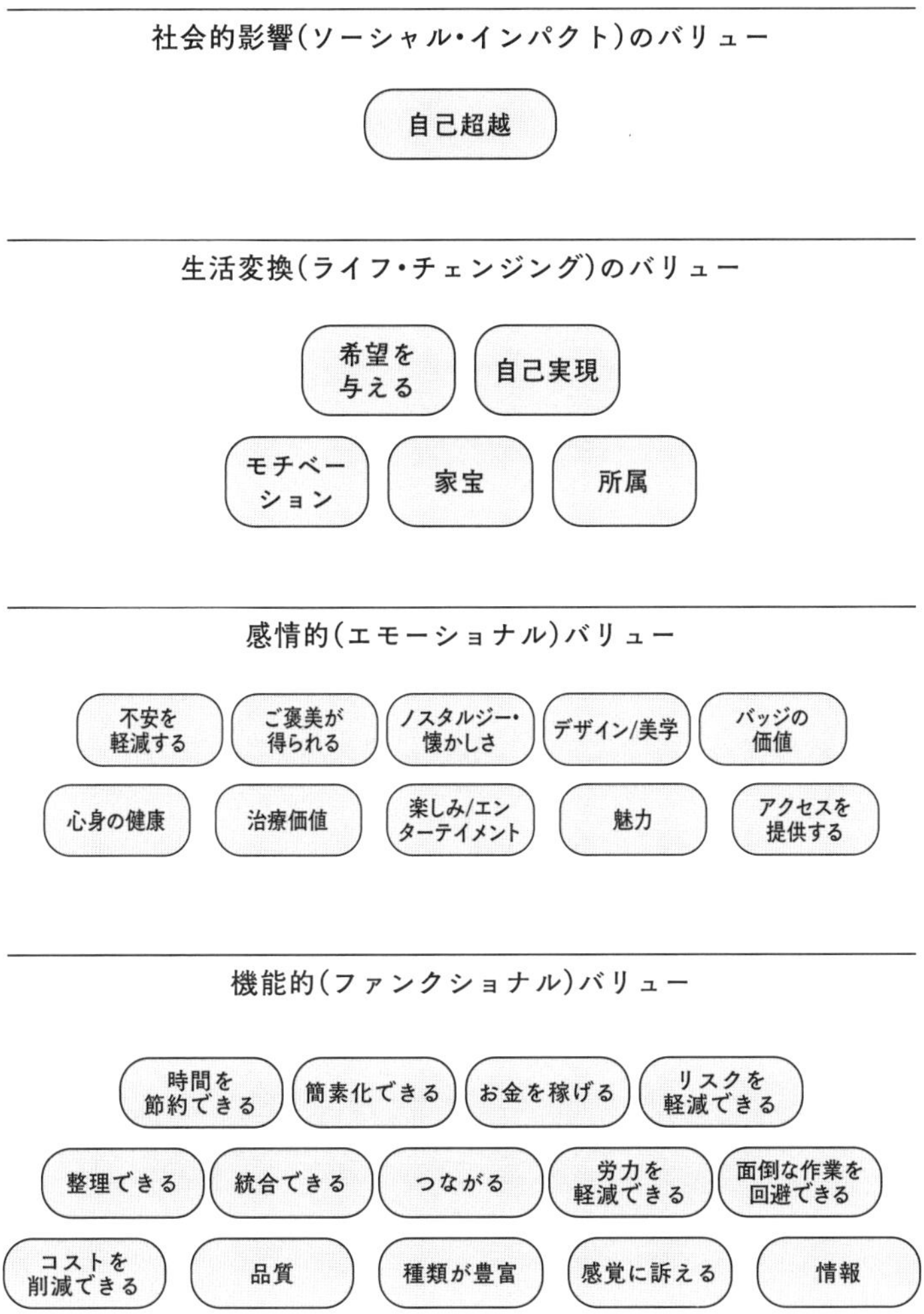

ソース：ベイン・アンド・カンパニーによる「The Elements of Value」を基に作成

説得におけるオファーの質問といったときに、何がオファーできるのか、さらにそれをブラッシュアップできるオファーは何かといったら、このピラミッドの30個の価値のうちのいずれかです。たとえば、時間を節約できる、お金を節約できるなどいろいろ考えていけば良いでしょう。

Q7 オファーに反論されるとしたら?

反論について

ニーズ、オファーの次は、相手からの「反論」を考えていきます。こちらも機能的なベネフィットへの反論だけでなく、感情的なベネフィットへの反論も十分に意識しましょう。オファーの質問で導き出した、相手に提供できるオファーのうち、不利な点は何か。相手からこう反論されそうだ、という点を特定していきます。

たとえば、ジューサーの話でいうと、「朝の忙しいときにジュースなんて……。1日のうちに朝の10分はとても貴重でしょう。その10分を割かないといけないなんて……」「しかもジューサーは洗うのがメンドくさい」「わざわざ作らなくても市販のジュースで良いのでは？」という反論があるのは容易に予想がつきます。

また、説得の本で言えば、「この分厚い本を読んだら理解できるけど、1日で身につくものではないよね」「説得って心理操作でしょ？　別に私、心理操作やりたくないし」などという反論が考えられます。

私の経験でいうと、製紙メーカーに勤めていたとき、ある商品の販促企画としてタレントを起用するアイデアを出しました。その会社では前例がないことであり、反対されることが予想されました。「前例がない」という反論は、他の会社でもよくあるのではないかと思います。

Q8

反論について

Q7の反論に関して、他の選択肢はないのか？

反論を想定したら、その上で、「他に検討できる選択肢はないのか」を考えておく必要があります。

たとえば、ジューサーのケースでいうと、そうした反論に対して、「コールドプレスで栄養素をあまり壊さない」「量が少ないので、さっと飲める」「しぼりカスは、別のお料理に使える」「簡単に丸洗いできる」「市販のジュースよりも自由度が高く、レシピもたくさんある」などという答えを用意しておくのです。

製紙メーカーの例でいうと、「他の商品で起用していたアニメキャラクターと同じぐらいの予算で起用できる」「タレントのほうが、プロモーションのバリエーションが増えて、媒体製作しやすい」などの返答を事前に用意しておきました。それが奏功して、前例のないチャレンジをさせてもらえることになりました。

ちなみに、反論をされたときには、**その意見にいったん同調することが必要**です。多くの人は、相手が言ってきた反対意見やデメリットを無視しようとします。相手の意見をつぶして、自分の意見を推し進めようとするのです。ジューサーの例でいうと、「10分ぐらいならそんなに面倒くさくないのでは？」と否定しようとします。

しかし、ストレートに否定すると、相手に不愉快な思いをさせてしまい、ますます話を聞いてもらえなくなります。

まずは、相手の考えを受け止めることが重要です。そのうえで反論に対する答えが返せるよう、事前に考えておきましょう。

Q9 デリバーについて
最終的に何をデリバーしたいのか？

最後の質問は、「最終的に何をデリバーしたいのか」。つまり**相手に何をして欲しいのか**ということです。

ジュースの例で言うと、相手に「それならジューサーをレンタルしようか」と言ってもらうことです。

9つの質問を考えると、突破口が見えてくる

このようなベネフィットを突き止めるために必要な9つの質問を考えることで、実際に相手を説得した例を一つ挙げましょう。

とあるメーカーでの話なのですが、ある商品の終売が決まったことから、製造を依頼していた協力会社の工場に終売を伝えることにしました。

しかし、協力会社はそれによって大きな打撃を被ることになります。

そこで一般的には、終売が決まった途端に、納品の価格を一気に上げてくることが多くあります。従来の2倍の価格になることも珍しくないほどです。

しかし、これを受け入れると、こちらの利益が大幅に下がってしまいます。そうならないよう、協力会社を説得するにはどうしたらよいでしょうか。

このときにおこなったのは、ニーズを考える質問やオファーを考える質問によって、**「ペインポイントは何か」「それを打ち消すオファーはないか」**を考えることです。

終売によって生じる協力会社のペインポイントは「仕事がなくなり、収入が減ること」です。しかし、「それを補う」オファーを出せば、ペインポイントを打ち消すことができます。

そこで出したオファーが、**「まだ生み出せるかわからないけれども、うちのR&Dが御社の基礎技術を使って新しい技術を生み出したら、共同で特許や論文を出しませんか」**という提案です。

なぜなら、研究者が最も嬉しいことは論文を世の中に出すことだからです。さらに、特許を出願するときは、会社とダブルネームで出願することも提案しました。

このオファーは、まったく確約していることではなく、何年先になるかまったくわかりません。しかし、協力会社はそのオファーを快諾し、最後に卸してもらった商品は値段が2倍どころか、これまでより下がりました。

なぜ協力会社は先行き不透明なオファーを受け入れたかといえば、ペインポイントに刺さるオファーだったからです。

協力会社は小さな会社で、研究開発の予算も限られていました。研究者にとってはネームバリューのある会社と論文を出すことがステータスなのですが、このような環境ではなかなか出せません。

だから、研究費は大企業に補助してもらって共同で論文を出そうというオファーは、研究者にとってものたいへん魅力的だったのです。さらに特許が認定され、ライセンスを保持すれば、さらに魅力的です。

このように相手が何を求めているのか、何が弱みなのか、何をすると嬉しいのか、といったことを考えていくことで、話が通りやすくなるのです。

質問の答えを周囲の人にぶつけてみる

一人で考えていても、質問の答えがわからなければ、周囲の人に聞いてみても良いでしょう。

私も、**役員クラスの方にプレゼンする際は、事前に、彼らを熟知している社内のキーマ**

ンと話をして、インプットをもらうようにしています。「プレゼンの内容は会長や社長に刺さるものになっているか」「この企画は通りそうかどうか」などを聞いていくのです。そのたびに企画を練り直し、戦略を考えていました。

ただ、話を聞きすぎると、相手の要望に寄りすぎることにもなるので「ここだけは譲れない」というポイントははっきりしておいたほうが良いでしょう。

注意したいのは、聞く人を厳選すること。過剰にダメ出しする人や、アドバイスと見せかけて企画やプロジェクトをつぶそうとする人、逆に企画を横取りする人にはくれぐれも注意してください。自分に勇気を与えてくれる人に聞きましょう。

説得のプロセスにおいて、頭・胸・足は何か？

9つの質問で、ベネフィットをある程度突き止めたら、どのように説得していくかも準備をしましょう。

説得するときにはさまざまなツールがありますが、頭に入れておきたいのは、最も使いたいツールが使えないことです。

先日、サンフランシスコのビーチに行ったとき、**学生が手を使わないビーチバレー**をしていました。彼らが使っていたのは頭か胸か足だけ。誰かがボールを打つと、頭で打ち返したり、胸で打ち返したり、蹴り飛ばしたりして、ネットを越すボールを打っているのですね。

なぜこんな話をしたかというと、説得自体がこれにとても似ているからです。バレーボールのゲームで最も使いたいツールは「手」であるように、説得のプロセスであなたが最も相手に使いたいツールは、**「アドバイス」「命令」**でしょう。しかし、それらを使うと上手くいきにくいことは、第1章の「説得の誤解」で述べました。

では、何を使って説得するか。手を使えないビーチバレーで頭や胸、足を使うように、別のツールを使っていく必要があります。

説得における頭や胸、足とは何でしょうか？　私は**「質問」「ストーリー」「比喩」**だと考えています。

以下で説明していきましょう。

ツール1．質問

説得のプロセスを進めるうえで最初に助けになってくれるツールは「質問」です。たとえば何かモノを売る場合、「その人が何に悩んでいるのか」「なぜ自分の人生を変えたいと思わないのか」「何をしたら（しなかったら？）その後どうなるのか」をたずねたり聞いたりします。

こうして質問をすればするほど、相手の潜在的なベネフィットや考え方がわかります。準備で考えた9つの質問の回答を踏まえて、何を聞くかを考えましょう。

トップセールスマンに共通する点は、問題解決能力に長けていることです。ただ問題解決より重要なのは、**問題を発見すること。**相手の心を動かす際に重要なのは、相手が気づいていない課題を発見するということです。

「説得の達人は質問の達人」と言っても過言ではないでしょう。

ツール2. ストーリー

次に役立つのは「ストーリー」です。

ブランディングやマーケティングの世界では、ストーリーテリングは自分たちがいろいろなことを共有することにおいて主要なツールです。

たとえば、「発祥はパリで開いた小さな馬具工房。控えめで洗練されていて、どんな状況でも持ちこたえる頑丈さが評価され、パリ万博で受賞。この技術と理念を現代まで活かしてものづくりをしている」

「自分が一軒家を建てたときに失敗した経験を活かして、人に寄り添う新たなハウスメーカーを立ち上げた」

といった具合ですね。

「毎回議論して勝つ方法」「控訴に勝つ」といったユニークな内容の本をたくさん書かれていて、史上最高の弁護士と言われる、Gerry Spence（ジリー・スペンス）という有名な弁護士がいます。彼も法廷で勝つためには、**論理よりも、すでに自分が知っていることで**

うまく語りかけていくストーリーが重要であり、すべての説得はストーリーに落とし込めると述べています。

ストーリーを使うと、相手の感情を揺さぶることができます。データやエビデンスをうまくストーリーの形に落とし込んで伝えることにより、相手の共感や感動を誘い、データや論理だけで伝えるよりもイエスが引き出しやすくなるのです。

私がストーリーを使った例を挙げましょう。

新商品を導入する際には、市場分析やターゲット、セグメントの話、ファイナンシャルモデルを使って「日本はこういう市場なので、ターゲットはここで……」といった数字に関する情報メインでプレゼンをしがちです。しかし、私はそうはしませんでした。

世の中に優れた製品、優れた商品はごまんとあり、テクノロジーによってあらゆることが可能になってきています。そういう**すべてが可能な世の中だからこそ、自分は、この人と働きたいし、この人と働いたらこういったことができる、だからこの商品を開発したい、と「ビジョン」を先に語った**のですね。

すると、そのビジョンのストーリーに共感いただくことができ、新たな商品を導入することができました。

ツール3．比喩（メタファー）

説得に役立つ3つ目のツールが「比喩（メタファー）」です。

相手の理解を助ける最善の方法は、情報を正確に伝えることではなく、比喩やたとえを使うことなのです。

「手を使わずにバレーボールをする」というのも、一種の例えです。これにより、**頭に残りやすく、かつ理解しやすくなります。**

たとえば、とある消費財メーカーが起業家輩出企業になりたいと考えているなら、**「うちは消費財メーカーのリクルートになりたい」**と表現するとどうでしょうか。

リクルートは、起業家輩出企業として有名ですが、社内でもさまざまな新規事業が次々と立ち上げられ、20代の若手でも事業責任者を任され成長していきます。

リクルートのような細胞分裂のごとく新規事業や子会社が生まれる企業を目指したい。このように比喩を用いて説明すると、ただ「起業家輩出企業になりたい」というよりも印象に残るのではないでしょうか。

以上の3つのツールを使いこなすことで、相手を説得しやすくなります。

ベネフィットを突き止める質問の答えを整理したら、**それを踏まえて、これらのツールを使ってどう説得するかを考えてみましょう。**

たとえば、相手の感情的な欲求や相手の避けたいことを特定するためにどういう質問をしていかないといけないのか。

どのようなストーリーを使えば、自分が信じていることを相手に信じてもらって、私がこうして欲しいということを感じてもらえるのか。

どんなメタファー・比喩を使えばいいのか。

といった具合です。ケースによって、3つのツールのうち「1つが使えない」「3つとも使える」といったことがあるので、使えるものをうまく組み合わせて使っていけば良いでしょう。

プレゼンテーション資料は最初の1～3ページで決まる

相手を説得できるかどうかを大きく左右するのが、プレゼンテーションのやり方です。内容も重要ですが、資料や話し方などが拙いとせっかくの中身が生きてきません。

繰り返しになりますが、プレゼン資料を作成するときに必ず押さえなければならないのは、「相手のベネフィットを突き止めて、そこに刺さる提案をすること」です。

この章の冒頭で「自分たちができることの発表会になってはいけない」という話をしたように、プレゼンでは「自分たちの会社ができること」は持ち時間の20％程度に抑えて、**70％は「あなた（の会社）のために、何ができるか」を伝えます。**最後の10％は質疑応答のためにとっておきます。それを踏まえて、資料を作成しましょう。

プレゼン資料を作成するとき、私は**「最初の1～3ページ目に、相手が興味を示すよう**

なキラキラしたキーワードを入れておく」ようにしています。

たとえば、ビッグネームの会社や専門性の高い人材と協業するなら、その名前を早めに伝えるのです。

すると、相手の反応が良くなり、その後の内容も聞いてもらえるようになります。


もう一つ資料について心がけているのは、**視覚的に印象に残るプレゼン資料**を作成することです。

資料の体裁や雰囲気は好みもあります。アメリカでは写真が1枚だけ載っているようなシンプルなビジュアルのものが好まれる一方、日本は話すことの要約をプレゼン資料にしっかり入れるほうが好まれると感じます。しかし要約を入れるにしても、文字が多すぎると、読む気がしなくなりますし、メッセージが届きにくくなります。なるべく文字は絞った方が良いでしょう。

デザインは一から作らずに、ネットでいくらでもテンプレートを探せます。オリジナリティを求めるのか一から作ろうとする人もいますが、使えるものは使ったほうがきれいに仕上がりますし、時間の節約になります。

私は有料のテンプレートを買いためていて、テーマごとにそれらを使い分けるようにしています。それで相手に与える印象が良くなるなら、迷っている時間はありません。月15ドルほどのサブスクで無制限にデザインのテンプレートが得られるサイトが無数にあるので、検索してみるといいでしょう。

犬の散歩をしながらプレゼン練習

プレゼンで上手く話せなくて悩んでいる人は多いと思います。そんな人にコツを聞かれるのですが、正直なところ、特別なコツなどありません。

ひとつだけ言えるのは、プレゼンで上手く話せない人は例外なく**「練習不足」**ということです。

手元にある文字をただ読んでいるだけのプレゼンをする人がいますが、読んでいることがバレバレですし、内容が相手に伝わりづらいです。

忙しくて練習できない、というのは言い訳でしかありません。移動時間やスキマ時間を上手く使えば、いくらでも練習することは可能です。

たとえば、私は朝と夕方に計2時間半ほど愛犬の散歩をするので、その時間を使ってプレゼンの練習をしています。スマホの録音機能を使って、プレゼン内容を吹き込むのです。持ち時間が1回5分だとしたら、1時間散歩をすれば、10回以上は予行演習ができます。以前は食事の準備をしているときにプレゼンの練習をやっていたことがあり、小学生の娘からは「ママは宇宙人と話しているとずっと思っていた」と言われました…。

さらに**録音した音声を後で聞き直して、最も出来が良かったものだけを残して、実際のプレゼンの前に聞きます。**そしてプレゼン直前に時間の許す限り、何も見ないで話すことを繰り返すのです。

すると、どこでつまずくのかが自分のなかでシミュレーションできます。それを注意しながら、本番に臨むのです。

これぐらいしておくと、**本番でも自信を持って話せるようになります。**不思議なもので、同じ内容を話していても、自信を持って話す人とそうでない人では聞こえ方がまったく違ってきます。当然、プレゼンで相手を説得できるかどうかも違ってくるわけです。

話し方に自信がない人は、少しでも多く練習をしましょう。おそらく思っている以上に練習の成果が出るはずです。

第4章

「6つのC」で信頼をつかむ

信頼していない人の言うことなど、誰も聞かない

第2章で「何を言うかよりも、誰が言うか」という話をしました。

その視点からいうと、「相手からの信頼を勝ち取ること」も説得において重要なファクターといえます。

多くの人は「どういうふうに説得するか」「これを言ったら説得できるのではないか」「この数字を入れたら大丈夫だろう」という説得の戦術に最初から焦点を当てがちですが、**「信頼」という部分が欠けていると、すべての戦術がうまくいきません。**そうした戦術は、信頼関係を築けていて初めてうまくいくものです。

とくに相手が初対面のときや、あまりやり取りをしたことがないときには、説得の場でのふるまいによって信頼されるかどうかが一瞬で決まってしまいます。

相手の信頼を勝ち取るには、説得のプロセスのなかで、**「6つのC」**を常に意識することが大切です。すべて頭文字がCから始まります。一つひとつ解説しましょう。

ちなみに、これらは、プレゼンやセールスの直前だけではなく、**普段から習慣づけて自然と備わっているようにすることが重要です。**

「Care(気遣い)」で信頼を高める

1つ目の「Care」は、相手を気遣う気持ちのことです。

いくらあなたが相手にとってベネフィットのある説得や提案をしたとしても、**「あなたのことを気遣っている」**という気遣いが見えないと、相手はあなたの話を聞いてくれません。

相手が1人であろうが、何千人であろうが、説得しようとしている相手を大事に考えているのか、邪険に扱っているのかどうかは、確実に相手に伝わります。

信頼関係を決める6つのC

1. Care(気遣い)
2. Condition(コンディション)
3. Calm(冷静)
4. Consistency(一貫性)
5. Clarity(明確さ)
6. Certainty(確信、確実)

先日、車を買ったのですが、数カ月後に、天井に小さなヒビが入ってしまいました。ガラスの皮膜のレイヤーが何層もあり、どこまでヒビが入っているかによって、既存の保険と保険会社の保険、どちらでカバーされるかがわからないということだったので、ヒビが入った画像を保険会社にメールで送りました。

ところが、それから3週間ぐらいレスポンスがありませんでした。電話をしても、「＃1を押してください」「次は＃5を押してください」とたらい回しにされるばかり。10分以上待たされてしまいました。

この一件から、私は保険の乗り換えを検討することにしました。**「この会社は顧客を大事にしていない」**と感じたからです。もし、何か説得されたとしても、もう何も聞く気はありませんでした。

10分待たされたことが気に食わなかったわけではありません。先日、行きつけのレストランに行ったら予約が取れておらず、30分ほど待たされたのですが、そのときは全然気になりませんでした。店主からの感謝と謝罪があり、入店するまでの間、飲み物を提供してくれるなど、気配りがとても行き届いていたからです。

そうした**ちょっとした気遣いの有無で、相手の心の動きが決まってしまう**のです。

では、どのように相手を気遣えばよいのでしょうか。

簡単に言うと、奉仕の心に基づいて行動することが大切です。「助けて」と言われたら、利害関係なしにアドバイスできたり、ポジティブな波長を与えられたりすることです。

ウォルト・ディズニーの逸話で、**「世の中には3種類の人間がいる」**というのがあります。

1番目の人は「ポイズン」。誰かが夢やビジョンを語ったときに「そんなのムリ！」「できるわけがない！」と踏みにじって他人をつぶす、「毒」のような人です。

2番目は「マジョリティ」。英語で言うと「芝刈りの人たち」と言われています。この人たちは善意を持っているのですが、すごく自己中心的で、自分の家の芝生はきれいにすることができるけど、他の人のためにわざわざ行動することはないという人たちです。

そして3番目の人は**「ライフエンハンサー」**。人生をエンハンス（拡大）していくことができる人です。ベストメンターのような人で、相手の人生がどうやったら豊かになるのかを考え、鼓舞し、自然に手を差し伸べてくれる人です。

どれになればいいかといえば、当然、3番目の人です。

知人のスーパーセールスマンは、説得が最もうまくいくのは、**どうしたら相手の人生が**

良くなるかに関心を持ったときと述べています。つまり、説得する人が、説得される側の人をどれだけ気にかけているかが重要だということです。

Care（気遣い）でもう一つ重要なことは、**「相手を好きになるポイントを見つける」**ことです。

相手に好感を抱いているかどうかは、やはり相手に伝わるもの。自分のことを好きな人が言うことなら、少々耳が痛いことでも、聞こうと思うものです。

相手に好感を抱くには、その人について良いと思う点を3つ探すことをおすすめします。「時間を必ず守る」「ビシッとスーツを着ていて、靴がきれいに磨かれている」など、相手を好きになるポイントを見つけるのですね。1つでもいいので、出会う人すべての良いところを見つけ、その人を好きになるという習慣をつけていると、いつも相手のことを気にかけている人間になれるでしょう。

「Condition（コンディション）」で信頼を高める

2つ目のCは「Condition（コンディション）」。コンディションは自分と相手、2つの意味があります。

まずは自分のコンディションです。発熱や腹痛、寝不足、心の不調など、自分のコンディションが悪いときは何も上手くいかないものです。相手を説得することは心身ともにタフなことですから、万全の体調で臨まないとうまくいきません。

私も、経営者クラスの方を説得するとなると、相当ベストなコンディションでないと最大限の能力が発揮できません。同じことを話しても、ベストなコンディションのときとそうでないときでは話し方が変わりますし、それは相手にも伝わるものです。

自分のコンディションを整えるには、まず体調管理が必要ですが、体調は良くても、なんとなく調子が悪いということは誰でもあることです。**調子を整えるには、自分ならではのルーティンを持つと良いでしょう。**

ルーティンといえば、元プロ野球選手のイチローが打席に立つときに決まった動きをしたり、試合に臨む前にいつも同じ行動を取ったりしたことは有名ですね。

イチローに限らず、オリンピックに出るような世界的なアスリートは、決まったルーティンを持っている人が多くいます。

たとえば、アメリカの元水泳選手で史上最も多くの金メダルを取ったマイケル・フェルプスは、レースの2時間前にプールに到着し、ストレッチを30分ほどおこないます。プールに入ったら約45分間、１００ｍ、２００ｍ、４００ｍ、６００ｍと別の種目を決まった順番で泳いで調整し、体を温めます。こうしてウォームアップをおこなった後、レース直前の競技者が集う準備室に入って、瞑想のようなリラクゼーションをおこなうそうです。そして、具体的には泳いでいる自分や起こりえるチャレンジ、困難を具体的にイメージします。そして、レースの約20分前になるとヘッドフォンで音楽を聴き始めて、スタート4～5分前になると、スターティングブロックの後ろに立ってひたすら準備をします。名前が呼ばれると足をバタバタさせながら、スタートのところに立つのです。

これらは、ベストの結果を出すときに実践しているルーティンです。人間の脳は想像以上に単純にできあがっているので、**一定のルーティンをこなしてから、その場に立つと最大限の能力を発揮できる**というように習慣づきます。

同じように、仕事でも、何か説得するときに、それがうまくいくことを偶然に任せるのはあまりにもリスキー。だから、世界的なアスリートのように、常にコンディションが整ってベストを尽くせるようなルーティンを見つけることが大切です。

たとえば、プレゼンの30分前にリハーサルをする、直前にお茶を飲む、発声練習をする。また、朝5時に起きる、昼食はお腹にたまらないものにする、なども考えられるでしょう。人によってはダンスや瞑想、ヨガも良いかもしれません。そうやって、自分の心をコントロールすることで、自分をベストな状況にもっていくわけですね。

ちなみに私の場合は、プレゼンの前日までに、**プレゼンを50回ほど練習します。それを全部ビデオで撮って、それをより良く磨いていく作業をします。**そうして最も出来が良かったものをiPhoneに残して、プレゼンの本番の前に2、3回聞くのです。そうすると、最高のパフォーマンスが出せます。

皆さんも、最高のパフォーマンスが出せるルーティンが見つかるまで、いろいろ試してみてください。

もしかすると、ルーティンは、重大な説得やプレゼンの直前だけではなく、1日の始まりにそれを習慣づけても良いでしょう。すると、いつでも一定以上の力が出せて、人生が変わっていくかもしれません。

もうひとつ、自分のコンディションだけではなくて、**説得する相手のコンディションに気を配る**ことも必要です。

相手も、コンディションが悪いと、正常な判断が下せませんし、話をろくに聞いてもらえずに却下されることもあります。

私は、経営者を説得するときは、その方の秘書と事前につながっておいて、「こういう案件を社長にプレゼンしたいんだけど、**社長のコンディションが一番良さそうなときはいつ？」**と聞いています。

あるミーティングのときは、当初は2月末ぐらいにプレゼンする場を設定していたのですが、秘書から「この日は社長が海外出張から戻った翌日で疲れているから、やめたほうがいい。3月1日のこの時間帯なら、予定に余裕があるし、前日の夜も会食が入っていないので良いと思う」と提案があり、設定し直してもらいました。時間も、少し延びたとしても、昼食の時間にはかからない、午前10時から11時に設定しました。

相手のコンディションを知るのは難しいのですが、なるべく知る努力をすることが重要です。

また、相手のコンディションも考慮するようになると、相手から断られたときに、「自分のコンディションはパーフェクトだったけど、相手のコンディションが悪かったんだな」と次の案件に気持ちを切り替えていけるようにもなります。**自分のマインドセットを強くできるわけ**です。説得において、コンディションは思いのほか重要だといえるでしょう。

「Calm（冷静）」で信頼を高める

第3のCは「Calm」、冷静でいることです。

説得するときには、すべてが、事前に描いたシナリオ通りに進むとは限りません。予想もしていなかったことを突っ込まれたり、不備があったことを叱られたり、嫌味を言われたり、と不測の事態が起こるのが当たり前です。

そんなときに取り乱したり、頭に血がのぼったりしたら、上手く説得できなくなります。

どんな状況であっても、**自分の内側に冷静さを保つことが大切**です。

冷静さを保つには、「落ち着け、落ち着け」と自分に言い聞かせるよりも、**自分が冷静でなくなっていることを自覚すること**です。そうして自分を客観視することで、平常心を取り戻しやすくなります。

また、否定的な意見を一通り黙って聞くことも大切です。私はこれまで、会社にとって新たな取り組みを提案すると、必ずと言っていいほど否定されてきました。頭ごなしに否定されると、以前はカッと頭に血がのぼり、即反論してしまっていましたが、今はすぐには反応せず、否定的な意見を一通り、黙って聞くようにしています。そうやって**落ち着いた様子を見せていると、自然と誰かが助け舟を出してくれたり、賛同意見が出てくるようになりました。**

話すスピードを少し遅くして、ゆっくり話すことも良いでしょう。これは相手を説得しやすいという理由ではなく、**ゆっくり話すと自分自身の気持ちが落ち着いてくるから**です。

あとは呼吸法や瞑想も、心を落ち着かせるルーティンとして取り入れても良いでしょう。

「Consistency（一貫性）」で信頼を高める

4つ目のCは「Consistency（一貫性）」です。

初対面の人に対する説得ではそこまで重要な要素ではありませんが、社内や長い付き合いの取引先を説得する場合は、**自分の言動の一貫性を保つことが非常に重要**です。一貫性がなく、場当たり的な発言を繰り返していると、信頼されなくなり、説得力を失ってしまいます。

たとえば、**仕事の場で「やります、やります！」と言いながら実際にはやらない人は、完全に信用されなくなります。**

それは小さなことでも同じです。たとえば「後で資料を送っておきます」と言いながら送ってこない同僚はあなたの周りにもいませんか？　本人は小さなことだと思っているのでしょうが、こうしたことが積み重なると、知らないうちに信頼は失われていきます。取引先に同じことをしたら、「あのセールスの人、送ると言っていたのに送ってこなかったな」「信用できないので、もうここことは取引しなくて良いや」と思われても不思議ではありません。

正直なところ、私も人生のなかで、そういう有言不実行をしてしまったことがあります。来週ミーティングをセットしますと言ったのに完全に忘れてしまったこともあれば、自分でやると言って頑張ったのだけど実行に移せなかったこともあります。そういうことがあると、相手はがっかりしますし、自分自身もがっかりします。

反対に、**小さなことでもいいので有言実行を積み重ねていくと、信頼されるようになり、説得力も生まれてきます。**

「Clarity（明確さ）」で信頼を高める

5つ目の資質は、Clarity（明確さ）です。

これは有名な話ですが、アメリカの大統領選挙では、必ず、大統領候補に政治家のアドバイザーがついています。たとえばビル・クリントンには、ジェームズ・カーヴィルという政治家アドバイザーがついて、選挙の戦略を立てていました。

その彼がビル・クリントンにアドバイスしたのは、「演説は、最初にマクロ経済の話から入りましょう」ということです。クリントンは「2年間ずっとそれを話してきたから、他のことを話したい」と言ったのですが、カーヴィルは、「3つも4つも話をしても全然わからないし、伝わらない。3つのことを話して浅くなるよりは、1つのことを話して深くなるほうがずっとずっといい」とアドバイスをしたのです。

これと同様に、説得をしているときに、余計なことを話すと、わかりにくくなります。どんなに伝えたいことがたくさんあったとしても、**余計な要素を排除して核心から話すことが重要**です。何が核心かを選別するのは難しいことですが、そこに時間を割きましょう。

要点をまとめずに話すクセがある人は、日頃から、要点をまとめて話す訓練をしたほうが良いでしょう。それによって明確にはっきりと物事が伝わり、説得しやすくなります。

話し好きな人は、会議が始まる前のアイスブレイクを延々としがちですが、こういう人はダラダラと話すクセがついていて、要点を押さえることが苦手なことがよくあります。心当たりがある人は、気をつけてください。

「Certainty（確信、確実）」で信頼を高める

最後6つ目のCは「Certainty」。確信、確実です。

自分が話すことに対して確実だと思っていることほど、相手に迷いなく伝わります。

たとえば、セールスマンが何かモノを売ろうとするとき、自分が売っている商品が、「本当に良い商品で、絶対あなたのためになる」と心の底から確信していると、それは相手に伝わります。反対に、自分が売っている商品が信じられないと、やはり相手に伝わるもの。

私も、プレゼン資料を作っている際に、内容を突き詰めてブラッシュアップしていくなかで、感覚的に**「確実にこれはいける。説得できる」**と思えると、プレゼン資料が光を放ち始めているように感じます。さらにプレゼンの練習で何度も話していると、ますます確実にいけると自分のなかで確信が芽生えます。そんなときの提案はとても通りやすいもの。

宗教を布教する人はまさにこのパターンだと思います。自分が信じているものが確実にあなたの生活や思想、人生に役立つ、と本気で思っているから、強く勧誘できるのです。

本当にそれを信じているのでなければ、相手には伝わりません。だからこそ、そこまで

落とし込めるプロセスが重要なのです。

日常的に「6つのC」を実践する

説得できる人が持っている6つのC。詐欺師はそれをわかっていて、上手く使っています。高齢者だけでなく若い人からも数百万円の大金を騙し取ったなどというニュースを見て、「なぜだまされるのか」と思うかもしれませんが、気遣いをしたり、一貫性を保ったり、明確にわかりやすくしたりすることで、相手を信じ込ませているのです。悪用してはいけませんが、良い説得をする人も意識する価値が確実にあります。

6つのCは説得のときだけやろうとしても相手に見透かされます。本章の冒頭でも述べましたが、これは**普段から習慣づけて自然と備わっているようにすることが重要**です。6個のうち、どれが一番苦手かを考えて、それを伸ばしていくためには毎日どう取り組んだらいいのか、実践しましょう。

たとえば、1のCareなら、「こんなことで困っているんだけど、助けて」「すごくアドバイスが必要なんだ」と相談があったときに、**自分にとってメリットがあるかどうかは関係なく、協力したり、アドバイスをしたりします。**ZOOMの設定や会議室の予約、議事録の作成といった小さなことでも良いでしょう。

普段からそういう積み重ねをしていると、自然と気遣いができるようになります。すると、周囲にもそれが伝わり、**「あの人の頼みなら仕方ない」**とムリなお願いも聞いてくれたりするものです。たとえば、急に入ってきた緊急性の高い仕事をお願いしても手伝ってくれることがあります。逆に、普段から協力していない人の頼みなど、誰も聞いてはくれないでしょう。

私は会社では部門長のポジションですが、普通は部門長がやらなくていいと思われるような些細なことも自分でやります。会議室を予約したり、会議のためのドリンクを用意したり、といったことです。単純に手が空いている人がやればいい、という考えなのですが、そういうことをしているからか、困ったときに周囲の人が助けてくれると感じます。

地味な話に感じるかもしれませんが、こうしたおこないも、説得力を高めるためには必要なのです。

信頼関係を決める6つのC

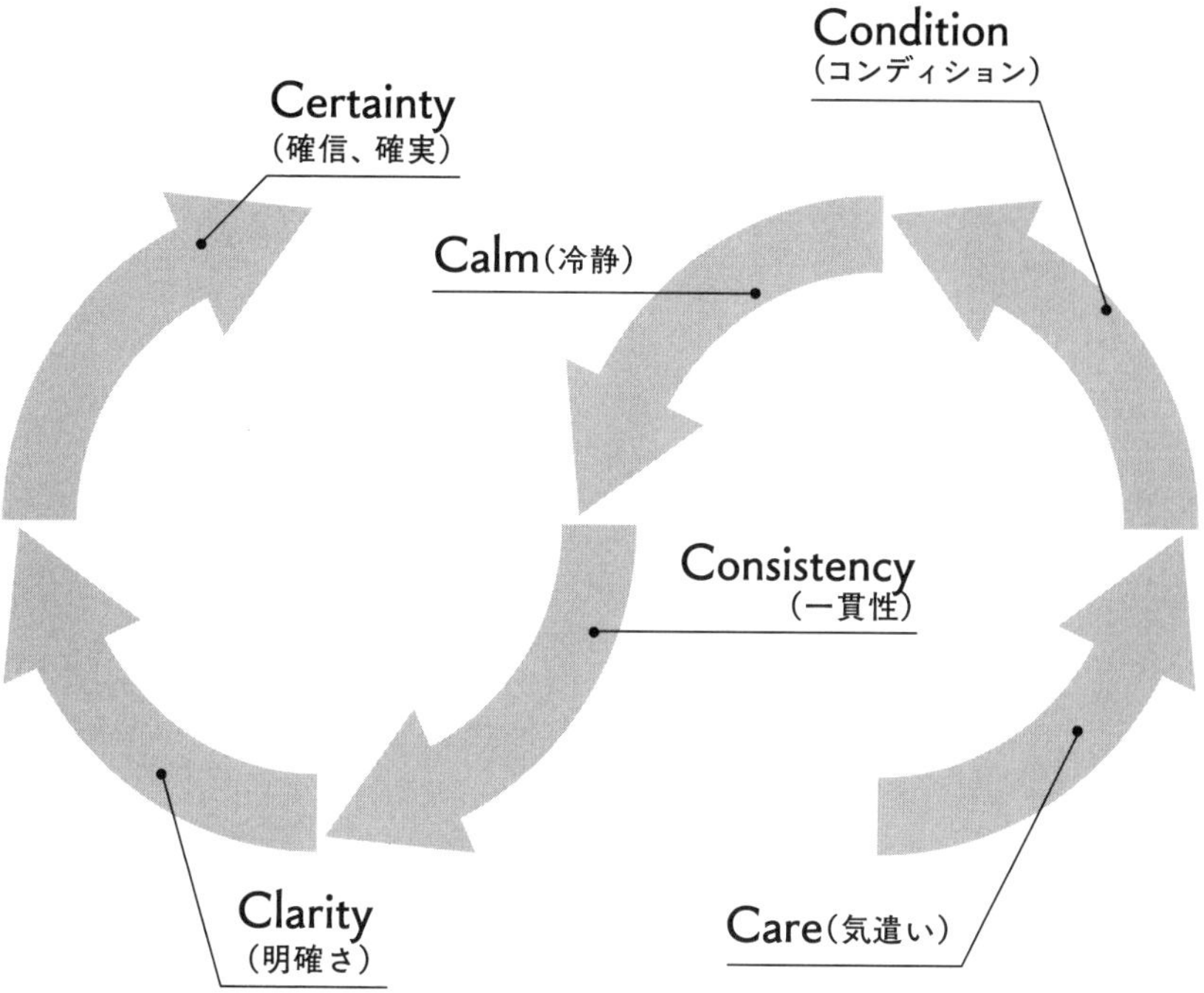

第5章

説得の5つのステージ

いい説得の基本は「口論を避けること」

「影響力を高めること」「準備をすること」「信頼をつかむこと」。

「Yes Code」には、さまざまな下準備があることをお話ししてきました。

それを踏まえて、いよいよ、どのようなプロセスで説得をしていくかについて、お話しすることにしましょう。

説得をするときに大切なのは、**「相手のベネフィットをつかみ、それに刺さることを伝えること」**というのは再三述べてきました。

「感情にリーチする説得」という観点から言うと、もう一つ重要なのは、**「相手との口論を避けること」**です。

第1章の「説得にまつわる3つの誤解」で述べたように、「正しいことを言って、相手の間違いを正す」という説得のやり方は、間違った常識に過ぎません。相手を否定して、打ち負かしたら、相手は不愉快になり、聞く耳を持ってくれなくなります。

大事なのは**「負けるが勝ち」**。たとえ相手と考えが違っても、常に相手に同意を示すことが大切です。相手が黒といい、自分が白だと思っていても、「やっぱり白でしょ」と理論で攻めるのではなく、相手が黒だといっている現実にまずは同意するのです。

すると相手は、あなたの話を聞き入れてくれるようになります。口論になることなく、説得のベースができるのです。

まずはそのことを頭に入れてください。

社内・社外、どんな説得にも「Yes Code」が使える

このような原則を踏まえて作成したのが、次ページの説得のプロセスについてのYes Codeです。

説得のプロセスを分解していくと、5つのステージ・13の要素に分けることができます。

このプロセスを踏むことで、相手の間違いを正すことなく、相手が絶対に得をしたと思

説得の５つのステージ

ステージ1 状況設定（舞台設定）

観察や許可などによって、説得する状況を整えます。

ステージ2 ラポール構築

説得する相手との距離を縮め、信頼関係を築きます。

ステージ3 ネガティブを探す

ステージ3と4はヒアリング。まずは相手のペインポイントを知り、ペインを増幅させます。

ステージ4 ポジティブを探す

逆にポジティブな相手の欲求を知り、その欲求の理由を引き出し、それが本心からのものなのか相手に確認します。

ステージ5 ゲッティングアクション

ヒアリングを踏まえて提案した後に、実際のオファーを出していき、相手にディシジョンメイクの行動を起こさせます。

えるような提案やプレゼンを進めていけます。それは相手を気持ちよくするためにではなく、最終的には自分のためにやっているということです。

社内で企画を通したい、大企業の法人営業で契約を獲得したい、顧客に商品やサービスを売りたいなど、どのような説得でも「Yes Code」は使えます。

毎回、すべての要素を使う必要はありません。あなたが相手にしてほしい行動の強弱・大きさによって、また状況において何が理にかなっているのかによって、必要な要素を使えば良いでしょう。相手の話を聞いたり観察したりしながら、やり方を変えていきます。

ステージ1 状況設定(舞台設定)

ステージ1の状況設定（舞台設定）は、**説得をする場作り**という意味です。

説得する案件にもよりますが、説得の場を整えることは、難解な説得になるほど非常に重要です。たとえば忙しい経営者を説得するとき、状況設定を誤って、相手の機嫌が悪かったり、体調が悪かったりするときにプレゼンをすると、パーフェクトに準備をしたとしても、イエスと言われる確率が下がります。

状況設定のステップは**「観察」「許可」「理解」「共感」の順番で進みます。**それぞれ説明しましょう。

ステップ1 観察

まずは、説得する相手がどのようなテンションなのかを観察します。

相手のテンションを見極めないと、適した説得の仕方がわかりませんし、そもそも会話に入っていくことすらできません。たとえば、上司を説得しようとしているときは、上司が忙しいか、イライラしていないかどうかを確認する必要があります。

第4章の「6つのC」のCondition（コンディション）で、プレゼン相手のコンディションが万全な時間帯を選んだ、という話をしましたが、そうした気遣いが必要です。

ちなみに、説得に関する本でよく「ミラーリング」というテクニックが書かれています。相手が腕を組んだらこっちも腕を組む、相手がこれを見たら自分もそれを見る、というように、相手を観察して同じ行動を取ると相手が好感を持つというテクニックですが、私がいう「観察」はそういうことではありません。**本当に相手が感じていることを感じ取ることが重要**です。

ステップ2　許可・インテンション

企画会議など、はじめから説得の場だとわかっているなら不要ですが、上司やお客様に何かを伝えたい場合は、**「この場でこの話をしようと思っているのですが、いいですか」と話す前に許可を得ることが大切**です。

たとえば、営業パーソンが何か商品やサービスを売り込むとき、いきなりセールストークを始めると、拒否反応を示されることがあります。そうではなく、**「この商品が必要かどうか、少し質問させていただいてもいいですか」**と許可を取ると、話を聞いてもらいやすくなります。

たとえば、化粧品の販売員なら、「お客様のお顔に目立ったシミはないのですが、これから夏に向かってこれが必要になるかもしれません。お手持ちのスキンケアもあると思うので、お肌に合うか合わないかなどをお客様のご意見をお伺いしながら知りたいのですが、少しお話しさせてもらってもよろしいですか？」と許可を得るのです。

チームのメンバーに何らかの説得をするときも、許可を得ることが大切。たとえば心を閉ざしてしまい、同僚とのコミュニケーションがあまり取れていないメンバーがいたとしたら、「もう少しコミュニケーションしたほうがいいんじゃない」とストレートに言うのではなく、「最近ちょっとコミュニケーションが少ないようだけど、何か問題を抱えているの？」と、これからコミュニケーションのことについて話したいと思うんだけどいいかな、と会話を進める許可をもらいます。こちらが一方的に話すのではなく、最初から双方向の姿勢を見せましょう。

ステップ3　理解（状況把握）

3番目は相手の置かれている状況を把握します。

たとえば、**これからおこなう打ち合わせの時間をどれぐらいもらえるかは確認したほうがよいでしょう。**他にも、相手の前後の予定や、会社や組織のなかでの立場、周囲との関係性などについてチェックしておきます。

相手が経営者の場合は、本人を「観察」することは難しいかもしれませんが、その場合は、社長室長や秘書など側近の人に話を聞いておくことが重要です。

ステップ4　共感

ステップ3で状況把握をするときは、相手の話に共感しましょう。たとえば、相手が「最近、忙しい」というような話をし始めたら、自分も共感するのです。

自分が何かを話すとき、相手にもその感情を共感してほしいと思いませんか？　同様に、相手もまた、あなたに対して話すときは、あなたに共感してほしいと思っているはずです。

そうして、相手が考えている立ち位置に自分も立つ、**相手と同じ感情の箱に入ることで信頼関係が芽生えます。**

ステージ2

ラポール構築

第4章でもお話ししましたが、説得において、信頼を築くことは欠かせません。

とくに初対面や出会ってから日が浅い関係だと、相手は自分のことを完全に信用してはいないでしょう。疑心暗鬼のままではいくら良い商品を持っていたり、アドバイスをしたりしても、話を聞いてもらえません。

説得する前に**「ラポール」**を構築しましょう。

ご存じの方も多いと思いますが、ラポールとは心理学用語で、「調和が取れた関係」「心が通い合う関係」というような意味です。

たとえば、カウンセリングで対話する上で、クライアントとカウンセラーの間に生まれるリラックスした関係、信頼関係を示しています。そうした信頼関係があると、カウンセリングの場で、相手が心の悩みを吐き出しやすくなります。

説得においても、ラポールを構築することが重要です。

かみくだいて言うと、ラポールを構築することは、相手に「自分のことを違和感なく好きになってもらう」ということです。

「この人と一緒にいると、気分がいいな」「この人の言うことってなんとなく、心にストンとくるよね」「一緒にいると居心地いいよね」……。そういう印象を相手に与えられると、説得がしやすくなります。

では、どうすれば相手に自分のことを好きになってもらえるでしょうか。

まずは、**自分が相手のことを知ろうとすることが大切です。**自分自身が相手のことを好きにならなければ、相手も自分のことを好きになってはくれません。相手のことをどう思っているかは、言葉に出さなくても伝わるものです。

そこで私は、あらかじめ会うことがわかっている人のことを綿密に下調べするようにしています。その人のことを調べていくと、相手の良いところが見えてきて好感を抱くようになりますし、実際に会ったときにすぐ会話を始めることができます。相手も「自分のことを知ろうとしてくれる」と感じるだけでも嬉しく思えるものです。

そのうえで、**共通の趣味や共感ポイントを見つけておけると、よりラポールを築きやす**

くなるでしょう。共通点がある人に対して、人は好感を抱く傾向があります。

ラポールを構築するためには、相手を理解するだけではなく、相手に自分を理解してもらうことも必要です。また、心の距離を縮めるには、ビジネスの内容だけでなく、自分の人柄を知ってもらうことが欠かせません。先日、シリコンバレーのベンチャーキャピタリストと話をしたときのことです。彼らは世界中の企業に投資していましたが、事前に私が調べた際に、日本の静岡のスタートアップにも投資していることを知りました。そこで、「静岡はどういうきっかけで投資に至ったのですか」とたずねたところ、「なぜ知っているのですか?」と先方と一気に距離が縮まり、意思疎通がしやすくなりました。


チームのメンバーを説得したいなら、日頃からラポールを構築しておくことが大切です。最初のステップは、自分自身がそのメンバーたちと一緒に働いていて、心地よく感じられるようにすることです。自分自身が心地よく感じていると、周りの人は無意識にそれを感じます。

次のステップは、自分のチームにいる周りの人も心地よくさせることです。自分と相手の双方が心地よいと感じられるような関係になれば、説得力は劇的に向上します。

自分と一緒に知ることが心地良いと感じると、チームメンバーはあなたの言うことに耳を傾けてくれるようになります。

反対に、私かチームメンバーのどちらかが相手に不快感を抱いていると、メッセージやアドバイスを伝えていくことが非常に難しくなります。他のメンバーを説得しようとしていくときに、私が伝えたいことをジャマしてくることもあり得ます。だからこそ、ラポールを築くことが非常に重要なのです。第4章の「6つのC」を心がけましょう。

ステージ3 ネガティブを探す

第3章でも述べましたが、どんなに良い商品やサービス、プロジェクトだとしても、相手のベネフィットと合致していなければ、イエスをもらえません。同様に、社内で企画を通すにしても、キーマンの判断基準やベネフィットがわからなければ、通る確率は下がります。

状況設定とラポール構築をしたら、**相手の考えや意向をヒアリングしていきましょう。**

低価格の商品を売るなら1回のヒアリングで済むかもしれませんが、マンションや高級車のような高額商品や、億単位のお金が動くようなプロジェクトの場合は、数回にわたってヒアリングをすることが必要になります。ヒアリングを重ねることで信頼関係も培われていきますから、焦らずにおこなうことが重要です。

ヒアリングすべきことは、大きく分けると、「ネガティブなこと」と「ポジティブなこと」の2つあります。どちらを先にたずねても構いませんが、**「ネガティブ」なことは人を動かす強い動機になるので、欠かさず聞くことを意識してください。**

ステップ1　ペインポイントに気づかせる

ネガティブのヒアリングの1番目は、「ペインポイントに気づかせる」です。

第3章「ベネフィットを突き止める9つの質問」で話したように、ペインポイントは、やりたくないことや苦痛のこと。言い換えると、どんな感情や情動を感じていて、どんな感情を避けていきたいのかということです。相手の痛みについて掘り下げていきます。

なぜネガティブに、相手の痛みについて掘り下げる必要があるかといえば、3章でも述べたように、人は良い、快適な方向にばかり動いていきたいというわけではなく、**痛みを避けるという行為をしたがるから**です。こちらがペインポイントについてたずねるだけで、その痛みを回避したいという感情を引き出すことができます。

とくにセールスをするときは、相手にペインポイントに気づいてもらうことが非常に重要。「これを買うと良い」というより**「買わなかったら損する」というペイン（痛み）を見せると、購買意欲をかきたてることができます。**コストが、相手が抱える問題の解決に見合う価格ならば、相手は買ってくれるでしょう。

何かを売る人たちが犯す最大のミステイクは、相手に一切ペインを感じさせないことです。相手にペインを感じさせないと、基本的にモノは売れません。

- **その人にはどんな心配事があるのか、困りごとがあるのか**
- **今どんな課題を抱えているのか**
- **今の対処法だとどのようなデメリットがあるのか**

といったことを、質問で掘り下げていくことが非常に重要です。

相手がどのような問題を抱えているかわからないときは、**「なぜですか」とフォローアップして続けて質問していくと良いでしょう。**

私は5回くらい理由を聞いてもいいと考えています。最初の質問の回答には、本心が入っていないことが少なくないからです。

何回か聞くと、その人が持っている本当の問題や必要としているものは何か、その人が何を避けたいと思っているのか、本当の感情に到達することがあります。大体5〜7回目のフォローアップの質問のときに本当の話が出てきます。本当に何がしんどいのか、本当に何が悔しいのかがだんだんわかってくるようになります。

ステップ2　ペインポイントを増幅して見せる

相手の痛み・ペインを引き出したら、今度はそれを増幅させてその意味合いを引き出していく作業をします。

たとえば、商品やサービスを買わなかった場合、今後どれだけの苦痛があるかを理解してもらいます。たとえば、「買ったらこういうことに役に立つが、買わなかったらこういうペインもあるよね」「さらにペインが増幅するよね」といった具合です。

たとえば、布団の上や車の中の掃除をする強力な掃除機を買うと、布団やソファの上のゴミがきれいに取れるという喜びがあります。

しかし、買わなかったらどうなるか。

「ソファに座って手をついたときに少しざらつきがある」→「ママ友が自分のおうちのソファに座ったときに、嫌な印象を与えたくないですよね？」といったペインを強調します。さらに、布団の上を掃除しなかった場合、そのほこりが子どものアレルギーや喘息を引き起こす可能性がある、というような話をすると、ペインがさらに増幅していきます。すると、そうしたペインを避けないといけない**↓避けないといけないから買わないといけない**という思考のループができあがります。

私が関わったプロジェクトでも、ペインの増幅をおこないました。

他社と提携して投資をする案件でしたが、役員に向けて「うちが投資しなかったら、彼らは他の企業とやるかもしれない、出し抜かれてもいいですか？」と話したのです。

さらに、プロジェクトには大手企業も参加を表明してくれていました。もしこの案件をスルーしてしまったら、そことのコラボレーションもご破算になります。そうしてペインを増幅させて強調したことで、役員から「わかった！　やる！」とゴーサインが出たのです。

こうして問題の深さを伝えるとペインが増幅するので、緊急性をもって対応してくれるようになります。ペインを増幅させることは、増幅させれば増幅させるほどそれを早く回避したいという気持ちが生まれるので、説得につながるというわけです。

このように、相手の感情を考えて相手のペインポイントや「相手が何を望んでいるか」を会話のなかで引き出しながら、最終的に意思決定者を説得してイエスを引き出す。こういうテクニックです。ヒアリングのコツは、159ページにまとめました。

ステージ4

ポジティブを探す

ステージ4はポジティブなことをヒアリングしていきます。

次の順番でヒアリングをします。

- **欲求を聞く**
- **欲求の理由を引き出す**
- **欲求を確認する**

欲求は明確になっていない人もいるので、さまざまな角度から質問をしながら、考えてもらいましょう。

単に欲求だけを聞くだけでは本心はつかめません。

たとえば、お客様が「やせたい」と望んでいるとしましょう。やせたいという思いに至る理由は千差万別です。「異性に好かれたい」「かわいく見られたい」というのもあれば、「健康になりたい」という人もいます。あるいは、誰かに好かれたいというより、太っていると自分自身が好きになれず、自己肯定感が下がるので、自分自身を好きになるためにやせたい、という人もいるはずです。

その理由の違いによって、説得の仕方は変わってきます。だから、「なぜそうしたいのか」と丁寧に聞きながら、理由を引き出すことが必要です。

理由を引き出したら、もう一度、「最初に聞いたことは本当にあなたのやりたいことですか？」と確認します。なぜなら理由を明確化すると、実は最初に話したことが自分の本心ではないと気づくことがあるからです。

たとえば、お客様が「タワマンに住みたい」ということを話したとしましょう。しかし、理由を聞いていると、別にタワマンに住まなくても良さそうなことがあります。**「家族と幸せに暮らしたいから」「良い暮らしをしたい」という理由なら、必ずしもタワマンでなくても良いでしょう。**

この場合、よくあるのは、タワマンに住むことは**一般的に難易度の高いことだから、価**

値があると思い込んでいることです。多くの人は、到達するのが難しいことには価値がある、と思い込んでしまうのですね。しかし、タワマンに住むことが自分にとって価値があるかどうかは別の話です。このように、**お客様が価値と困難なことを混同していることは少なくありません。**

もっとも、理由をさらに聞いていくと、**「ステータスを持ちたい」という別の理由があらわれることがあります。**つまり承認欲求のために絶対にタワマンに住みたい。この場合は、タワマンでなければならない、と本人が思い込んでいるのです。

こうしたことは私自身も身に覚えがあります。私はUCLAでエグゼクティブMBAを取ったのですが、なぜMBAを取りたかったかといえば、「世界のビジネスパーソンとネットワーキングできる」「最新の学びがある」といったこともありますが、「MBAホルダーという言葉に今更ながら憧れていた」ことも大きくあります。また、高額な学費がかかるので、なんとなく価値が高いものだと思い込んでしまったのです。

もし私が「憧れのために高額の学費をかけても良いのか?」「勉強はキツイが、大丈夫か?」と、誰かから掘り下げて質問されていれば、「冷静に考えると、エグゼクティブM

ＢＡではなくても良いのでは」と思い至ったかもしれません。このように本心を探るためには、**理由を引き出し、本来の欲求を確認することが必要なのです。**

ステージ5 ゲッティングアクション（実行）

ヒアリングをしたら、実行（ゲッティングアクション）です。ヒアリングの内容を踏まえて、改めてサービスや企画などの提案をしたり、細かい条件についてオファーを出したりします。

ステップ1 オファー

オファー（提案）するときに意識したいのは、良いことばかり言わないことです。提案をするときは、その提案のベネフィットを並べ立てたくなりますが、**それだけだと、相手に疑いの目で見られ、説得しづらくなることがあります。**

たとえば、不動産で数千万円する一軒家やマンションをすすめられたとしましょう。「駅から5分の好立地。どこへ行くにもアクセスが良い」「LDKが広い。天井が高い」「床や壁に漆喰を使っている」「使いやすくて見栄えも良いキッチン」「ルーフバルコニーが広い」と長所ばかり言う営業パーソンより、「幼稚園に歩いて行くには車通りが多いことは気をつけたほうがいい」「お子さんが小学校に行くときはちょっと遠いかもしれません」などとデメリットも正直に伝えてくれる営業パーソンのほうが信用できると思いませんか？　どちらの話に耳を傾けるかといえば、後者という人が多いのではないでしょうか。前者の営業パーソンは、「良いことばかり言って早くサインをさせようとしているのでは？」という印象を持つ人もいるのではないかと思います。

化粧品の接客販売も同様に、「このビタミンCのクリーム、とにかくよく効きますよ」とベネフィットばかりゴリ押しする販売員より、**「肌質が弱い方にはおすすめしません」と言ってくれる販売員のほうが信用できる**と思うでしょう。

新たな取引先を開拓するプレゼンのときも、「何でもできます」という会社よりも、**「この分野はあまり得意ではないけれども、この分野はすごく得意です」**という会社のほうが信用されるはず。人は、正直に良いことも悪いことも言ってくれる人を信頼するのです。

世の中には完璧な人間など存在しません。だからこそ完璧ではないことを正直に言ったほうが信用されるし、よりお客様の心に響くのでしょう。

もう一つ、不動産営業のケースから言えることは、相手のライフスパンを考えて提案することの重要性です。子どもが生まれて成長することで、家に関して求めることも変わってきます。家はそうそう買い換えるものではありませんから、未来を見据えた考え方を総合的にお客様にお伝えするほうが信用されます。


いくらベネフィットがあるといっても、**根拠を示さなければ、相手は納得しません。**ベネフィットを数字で示すことも重要です。

たとえば、価格がお客様の予算をオーバーしている自動車を販売するとしましょう。その場合、対抗馬の自動車と燃費を比べて、予算オーバーしている自動車のほうがランニングコストが低いことを説明できれば、お客様が納得する可能性が高まります。

会社に新しいシステムの導入を提案するときも、導入時の初期費用だけでなく、ランニングコストも計算して提案することはマストです。

ステップ2　すり合わせ

サービスや企画などの提案をしたら、細かい条件に関してすり合わせていきます。このときのスタンダードな手法は、**プライシングにしてもプランにしても、3段階の選択肢を用意すること**です。

考えてみると、3段階で価格帯を分けているサービスはいくつもあります。たとえば、会席料理のランクは松竹梅で分かれていますし、飛行機の座席はファースト、ビジネス、エコノミーの3クラス。クレジットカードも、普通のカード、ゴールドカード、プラチナカードがあります。

おそらく人間は3つの選択肢が選びやすいのでしょう。選択肢が二つでも決めかねるし、5つも6つもあるとすごく迷ってしまうのではないでしょうか。

また、**3つの選択肢があると、真ん中を選びたがるという心理もあります。**真ん中だと、高すぎず安すぎず、サービスも可もなく不可もなくて、「一番安いものよりも良いのでは？」といった気持ちになってくるわけですね。

たとえば、美容クリニックのコースで、一番ベーシックなAコースが1万2000円、真ん中のBコースが5万6800円、最も高いCコースが12万円だとすると、なんとなくBコースを選ぶ人が多いのではないかと思います。

ただBコースがCコースに近い11万円だとしたら、「BもCも料金が高い」とどちらも選ばない人が増えるかもしれません。だから、真ん中のBコースをマジョリティが選ぶように、プライシングなどを組み立てていくのが価格戦略の基本です。

オファーを出すときに注意しなければならないことは、それまでの提案内容をしっかり理解してもらうことです。

商品説明が浅かったり、細かな数字の説明をショートカットしたりすると、相手は混乱するだけです。数百円の買い物ならともかく、多額の金額がかかる買い物やプロジェクトであるほど、十分な説明が必要です。たとえば、目的なくキッチンウェアを見に来たお客様に対して、大した説明をすることなく、5万円もする鍋を買ってもらえるかといったら、無理でしょう。その鍋がいかに良いものでありどんな料理が作れるかを細かく説明して、隅の隅まで理解していただくことで、ようやく購入に至るのが普通です。説明した内容について相手が非常によく理解していることを確認しないと、破談になることもあります。

また、プレゼンが終わった後に、よく意味のわからない質問をする人がいますが、そういう人は間違いなく、プレゼンの内容を理解していません。

もっとも相手が悪いともいえません。自分が説明したことが100％正確に相手に伝わっているということはほぼないということを前提に話を丁寧に進めて、本当に伝わっているか何回も確認しましょう。

ステップ3　タイムコミットメント

提案やオファーをするときには、タイムコミットメントをすることが重要です。

これは、提案やオファーを受けるタイムリミットを決めること。

お店でよくおこなわれる**「今日限りの限定セール」はその典型**です。また、テレビショッピングでは、200個限定などと商品数を限定して、「あと17個。急いでお電話ください」などとけしかけていますが、これもタイムコミットメントの一つの形といえます。

こうして期限を決めると、相手の決断を促すことができます。逆にタイムリミットを決めていないと、ずるずると先延ばしになることが少なくないので、気をつけてください。

説得のプロセス

ステージ1
状況設定（舞台設定）

- □観察
- □許可・インテンション
- □理解
- □共感

ステージ2
ラポール構築

- □ラポール構築

ステージ3
ネガティブを探す

- □ペインポイントに気づかせる
- □ペインポイントを増幅して見せる

ステージ4
ポジティブを探す

- □欲求を聞く
- □欲求の理由を引き出す
- □欲求を確認する

ステージ5
ゲッティングアクション（実行）

- □オファー
- □すり合わせ
- □タイムコミットメント

ヒアリングで意識したい3つのこと

説得のプロセスで肝となるのは、ステージ3と4でおこなうヒアリングです。

相手との会話が行ったり来たりするなかで、機能的なベネフィットだけでなく、感情的なベネフィットを引き出す。これができれば、相手の欲求を聞き入れながらも、自分の要望との融合点を見出して、落としどころを見つけることができます。

ヒアリングが苦手な人は少なくありませんが、**「傾聴、理解、共感」**の3つを意識して取り組めば、徐々にヒアリング能力が高まっていきます。

それぞれのポイントを解説しましょう。

ヒアリングのコツ1　傾聴

「傾聴」は、簡単に言えば、相手の話をしっかり聞くことですが、これができる人はなかなかいません。
「解決策はこうでは？」と持論を押し付けたり、途中で話をさえぎったりする人はたくさんいます。まずは、それをしないことを心がけましょう。相手の意見に大反対であっても、議論に切り込んで、口論になることは防がねばなりません。

そのうえで、傾聴の基本は、集中して聞くことです。たまに、会議で話しているのに全然集中していない人がいるのを感じるときがありませんか？　話し手からすると、そういう人はすぐにわかります。アイコンタクトを取ったり、うなずいて理解を示したりして、聞いている姿勢を示しましょう。

会話を急がせたり、早合点したりしないことも重要です。相手の立場を理解するために時間をかければかけるほど、相手からの印象は良くなります。

傾聴の際は、単に聞きっぱなしにするのではなく、**「もう少し詳しく教えてください」とたずねたり、「それはこういうことですか？」と確認したりすることが必要**です。その会話のキャッチボールをするなかで注意したいのは、相手が投げたボールを、あさっての方向に返してしまうことです。

自分が投げたボールに対して、全然違う反応が返ってくると、相手はがっかりしてしまいます。ボールを投げ返すときは細心の注意をはらいましょう。

営業現場の場合は、傾聴しながら、相手が求めることに答えていきます。そうして丁寧に答えていくことで、お客様のことを本当に考えている姿勢が伝わります。そこに時間をかけない人は多いようですが、そこを怠ると上手くいかなくなります。

ヒアリングのコツ2　理解

ヒアリングをするなかでは、相手を**「理解」**することも重要です。

相手の話でわからないところがあったら、会議でも営業の場でも、遠慮なく質問しましょう。相手が言っていることを正しく理解することができます。

PowerPointのプレゼンのとき、「途中で質問していいですか、最後に質問をしたほうがいいですか？」とよく聞かれます。もし、その場で質問してもらってもいいですよと言われているなら、その場で遠慮なく説明を求めましょう。話している人から見たら、何か会話をさえぎられたというよりは、自分が言っていることを真剣に理解しようとしている、という姿勢にうつり、不快感を持つことはありません。

あとは**「言い換え」**も理解を深める上で有効です。聞き取ったことを振り返って、「もし私の理解が正しければ、あなたが言っていることはこういうことですか」と聞いてみるのです。すると、自分がちゃんと正しく理解できたのかを確認できます。これは必ずやったほうがいいでしょう。

相手の話を理解するには、**「クリティカルシンキング」**も重要です。

相手に対して議論を吹っ掛けるのではなく、別の視点を持つことで、相手が言っていることや議論の内容を客観的に分析したり、評価したりできます。すると、相手の言うことを理解しつつも、「まったく違う視点、正反対の視点だとどういう思考になるんだろう」と考えることができ、相手の視点と自分の視点、両方の長所・短所を見極められます。

とくにクリティカルシンキングは、日本人が非常に弱い分野だと思うので、スクールなどで学んでも良いでしょう。

あとは**「文化的理解」**も重要です。

たとえば多国籍の人が集まるミーティングの場で、バングラデシュの方と話すのと、中国の方と話すのとでは文化的バックグラウンドがまったく違うことを理解しておかなければなりません。相手のコミュニケーションスタイルや価値観は自分とは違うというマインドセットを持ち、自分の思い込みをとりはらって相手の言うことをまずは真摯に受け取る努力をしましょう。

ヒアリングのコツ3　共感

3番目のポイントは**「共感」**です。

相手の意見に100％同意する必要はありませんが、相手の視点や感情を理解しようとして、「共感していますよ」と示すことは重要です。

私が共感のお手本になると感じたのは、先日、新しいiPhoneを買いに行ったときに出会った販売員の女性です。新しい機能の説明を受けた後、価格を聞いたら高かったので、「やっぱり、キャリアの月額を考えると、いま支払っている金額より高いですね」と私が言いました。

このとき、普通の販売員の人だと「いやいや、もうこれが最新で大人気なのですよ」とか「年払いにしたら1カ月分は200円ぐらいの違いしかないですよ」というように、料金の高さを打ち消しにいくでしょう。

しかし、私が出会ったその販売員は**「正直高くなりますねぇ」**と言ったのです。そうして共感をしてくれる姿勢があると、信頼できそうに感じますよね。

もう一人、共感のお手本を挙げるとしたら、先日お世話になった、不動産のセールスマンです。

オンラインで内見をしながら、「大通りに面しているとうるさくない？」「シューボックスが小さくて、靴を置くところがないのでは？」と疑問点をたずねました。

普通のセールスマンなら「そんなことないですよ、塀が十分に高いので音は全然気にならないでしょう」「玄関のシューボックスは小さいですが、ガレージのある大きいドアから入れば、そこに置く場所があります」とデメリットを隠すようなことを言うでしょう。

ところが、そのセールスマンは違いました。「エントランス裏口からゴミ置き場が離れているので、ゴミを出しにくいのでは？」とたずねたところ、そのセールスマンは**「そうなのです。その通りなのですよ」「自分もこの物件を見たときにそう思ったんですよね」**と私の言うことを肯定したのです。逆に、「これちょっとどうしたらいいですかねぇ」みたいな話を私に振ってきたのですね。

この不動産のセールスマンのように、共感するだけでなく、逆に質問して、お客様と共に解決策を模索していくという方法もあります。すると、「いやいや、ゴミ出しはこうしたら大丈夫」という答えが出てきて、会話のなかでデメリットを解消できます。さりげないやり取りですが、高度な手法といえるでしょう。実は、共同作業でも共感は生まれやすいのです。

実際にこの後、私はこのマンションを契約することを決めました。セールスマンが、共感を駆使して私からイエスを引き出したわけです。

このように、言葉で共感を示すのも良いですし、「相手の話に合わせて表情を変える」「相槌を打つ」「身を乗り出して聞く」などのノンバーバルで共感を示すのも良いでしょう。オンラインミーティングであっても、ノンバーバルは伝わります。

振り返りをおこなう

説得のプロセスを実践したら、必ず「振り返り」をおこないましょう。

対話した後に、自分のなかで時間をかけて、今回の説得がどうだったのか、今回のやり取りはどうだったのか、と振り返ります。

自分が受け取ったことと相手が言いたいことは、それぞれベネフィットとノンベネフィットがあると思います。客観的に見て、今回の議論がどうだったのかを振り返るのですね。

コミュニケーションのなかで行き違いがあった部分や、自分の解釈力が不足していた部分をその段階で特定し、このような状況に陥った原因を理解して、今後の対話でどのように改善できるか考えます。

それと同時に、改善に向けて、日頃からトレーニングすべきことはないか考えてみましょう。たとえば、クリティカルシンキングが弱いなら、そこを強化できるようなセミナーで勉強しても良いですし、「今日の会話の流れ、どうだった?」と同僚に聞いてみて、その反省に基づいて次はどうしていくべきなのかを一緒にブラッシュアップしても良いでしょう。

説得は、この本を読んだだけですぐに上手くなるようなものではありません。何度もプロセスで間違いを起こします。

しかし、間違いを犯すのは普通のこと。大切なのはこうした失敗経験から学んで、常にコミュニケーションスキルを向上させる努力を続けることです。

説得の面白いところは、**単に自分で勉強したから学力が上達するというものでもないこと**です。相手ありき、相手のシチュエーションありきで、舵の取り方が変わってきます。

しかし、一つひとつの説得の場を大事にして、改善を繰り返していけば、説得力は必ず上がっていきます。一喜一憂しないで、コツコツと改善に取り組むことが大切です。

第6章

こんな時はどうする?「説得ケーススタディ」Q&A

第5章でお話しした「説得のプロセス」はさまざまな説得のシチュエーションで活用できますが、説得のケースは無数にあるので、それだけでは解消できない悩みがあるでしょう。そこでよくあるケースと対処法について、Q&A方式で答えていきます。

Q 組織のシステムを変えたいが、あちこちから反対の声が……

A いきなりビッグフィッシュを捕まえようとしない

組織が大きくなればなるほど、新しいことを導入するのは難しいものです。小さなシステム一つを変えるだけでも、現場のあちこちから反対の声が上がり、頓挫することは珍しくありません。

そんなときの基本的な考えとして頭に入れておきたいのが「いきなりビッグフィッシュを捕まえようとしないこと」。**全体を一度に変えようとするのではなく、局地的に少しずつ変えていくこと**です。

たとえば、長年使い慣れた社内の経費精算システムを別のシステムに入れ替えるとしましょう。たいていは、どこかしらの部門から反対の声は上がりますが、すべての部門がノーということはなく、**「試しに導入してみたい」という部門があるはず**です。

そうした部門から局地的に導入していくのは、大きな組織を変える際の基本戦略です。

そこで好評の声が上がると、「うちの部門でも導入したい」という声が上がってくるものです。徐々に導入する部門が増えてくると、「マジョリティがやり出すと、自分もやりたくなる」という日本人の性《さが》か、こちらから何も言わなくても「うちも導入したい」となるものです。

このように、局地的にオセロの白黒をひっくり返していけば、いずれ一気にひっくり返せるようになります。

いきなりビッグフィッシュを捕まえに行くのではなく、タイムラインを長めにとって少しずつ変革していくことで、ビッグフィッシュを捕まえられるようになるわけです。

Q 高価な商品を売り込むためには？

A 世界観をリアルに見せることで、イメージさせる

相手を説得するには、商品・サービスの導入やプロジェクトの実施によって、どんな世界が実現できるのか、イメージを伝えることが重要です。

資料だけで説明するのが難しければ、**何らかの形でその世界を体感してもらえばよい**のです。

たとえば、ベンツやBMWなどの高級外国車メーカーがよくおこなっているのは、見込み客をイベントにご招待することです。高級車はライフスタイルを売る商売ですから、車を購入することでどのようなライフスタイルが得られるのかをできるだけリアルにイメージしてもらう必要があります。

日本では、ベンツやBMWが、オーナーが集うホテルでのお食事会やナイトプールのイベントなどを実施しています。そこに「パートナーの方と一緒にお食事でもいかがです

か？　購入するしないに関係なく、ぜひいらしてください」とご招待するのです。

それを体感することで、「**この高級車を買ったらこういう世界が待っているんだ**」「**自分もこんなライフスタイルを手に入れたいなあ**」という気持ちになり、購入に対するモチベーションが上がるわけです。そこで、試乗会に誘えば、契約はほぼ決まったようなものです。

Q キーマンに難色を示されたら？

A 「難色」を掘り下げる

社内でプレゼンをする前に、水面下でキーマンたちに接触したら、その段階で難色を示されることがあります。そのまま手を打たずにプレゼンに臨めば、その企画はまず通らないでしょう。

そんな壁を打ち破って、企画を通すには、難色を示している人にヒアリングをして、その理由が何なのかを深く掘り下げることが必要です。

ヘルスケアスタートアップへの投資案件の場合、

- **技術的な理由。このテクノロジーは本当に問題ないのか**
- **金銭的な理由。投資するスタートアップのバックグラウンドは大丈夫なのか**
- **感情的な理由。妬みやひがみなどで通したくない。なんとか足をひっぱりたい**

これらの理由のうち、最も大きな理由が何かによって、どう対処するかが変わってきます。技術的な理由や金銭的な理由なら、根拠を持って説明していけば良いでしょう。問題は感情的な理由です。ひがみや妬みでその人の足を引っ張ろうとする人がいると、牙城を崩すのに苦労します。

これはすぐに解決できる問題ではありません。相手が感情的になっている場合は、次のQにもあるように長期目線で考え、「時間」というツールを味方につけるようにしましょう。

キーマンが難色を示す原因は、「間違った決断をしたら、あとで自分が責任を取らなければならない」というフィア・恐れを持っていることもあります。
こういう人は、できるだけ決断をしたくないと考えています。だから「A案とB案、どちらが良いですか?」と決断を迫ると、「ちょっと待って」と言いたくなるのです。
そうした心理を踏まえると、キーマンから了承を得たいなら、「A案かB案、どちらがよろしいでしょうか」とたずねるのではなく、**「この件に関してはA案で行きたいと思います。問題があったら教えてください」**とこちらで**決断したことを確認する形をとりましょう。**すると、了承を得られることがあります。

Q 短期的に説得するのが難しいと感じたら?

A

長期戦に切り替える

短期的には説得するのが難しいと感じたとき、それでも頑張って説得しようとするのは得策ではありません。強引に説得した結果、事態がこじれて、永久に説得できなくなることもあります。

そんなときは、長期戦に切り替えると良いでしょう。

大型案件になればなるほど長期戦に持ち込むこと、断られても何回も行くことが、私の考え方です。一回ダメと言われても、引き下がらずに、「どうやったら改善できますか？」と**キーマンと壁打ちをさせていただくことで、ブレイクスルーが生まれ、突破口が開けるもの**です。


たとえば、BtoB企業に自社の業務効率化ツールを使ってもらいたい場合、「今は他社製のツールを契約中だから」と断られる場合があります。この状況で、契約期間中に自社ツールをねじ込もうとすると、相手の心証を害します。

このような場合は、契約期限はいつなのか、現在の契約内容やツールへの不満点はないかなどをヒアリングしておくといいでしょう。その不満を自社ツールがクリアできるとしたら、契約が切れる少し前のタイミングで再びアプローチすることで、他社ツールから自社ツールへと乗り換えてくれる可能性が高まります。

シーズナルな需要をつかむことで、説得の難易度は格段に下がることがあるのです。

焦って強引に説得するよりは、**タイムラインを長めにとって、タイミングを見計らうことが必要**だと覚えておいてください。

Q どうしても短期的に結果を出したいなら？

A 「サードドア」を探す

どうしても短期的に結果を出したいなら、「サードドア」を見つけるしかないでしょう。

アメリカの作家、アレックス・バナヤンが著した『サードドア』という本によると、人が成功するドアは3つあるといいます。

ファーストドアはいわゆる「正面入り口」。一生懸命勉強をして難関大学に入り、大企業に勤める……という、いってみれば正攻法の扉です。世の中の99%の人は希望の進路に入れるかどうか気をもみながら、その行列に並ぶので、長い行列が弧を描いて続きます。

セカンドドアは「VIP専用入り口」。億万長者や名家に生まれた人だけが利用できる扉。家系やそれにまつわる権力で、その2世たちだけが歩めるルートです。

そしてサードドアは、**「成功への抜け道」**のことです。たとえばマライア・キャリーが世界的な歌手になれたのは、彼女の声を吹き込んだデモテープを、あるパーティーに来ていたレコード会社の人の車の中に投げ入れたことがきっかけだった、と言われています。千載一遇のチャンスをじっと待ち、それを逃すことなく活用したわけですね。

同様に、説得においても、「サードドア」のようなチャンスが訪れることがあります。たとえば、通したい企画があったときに、自分の事業部では採用されなかったものの、たまたま役員と話す機会があり、その話をしたら、その役員が気に入って企画が通ってしまったというようなことです。パイ生地のように積み重なった組織のヒエラルキーの層を1枚ずつ剥がしていくよりも、一気に突破できるわけですね。

チャンスの女神の前髪をつかむには準備が必要という話があるように、チャンスを待つにしても、それが来たときに活かせるよう準備をしておかなければ、チャンスは活かせません。たとえば、求められときにすぐに出せるように企画書を作成しておくのは、準備の一つです。

Q 自分だけで説得するのが難しいときは?

A 他の人を活用する

自分で説得するのが難しい場合は、目先を変えて「他の人を活用して説得する」のもアリです。

たとえば、会社でAさんにお願いしたいことがあるとき、自分が言っても動かないなら、同僚のBさんに話してもらうのも良いでしょう。Aさんが「Bさんが言うことなら聞く」という人なら、無理して自分自身でやり切る必要はありません。

また社内で企画を通したいときも、自分でプレゼンするのではなく、より説得力のある人にプレゼンをお願いしたほうが、成功率は高まります。

たとえば、20代、30代女性向けの化粧品の企画の場合、50、60代の男性部門長がプレゼンするよりは、20代の女性がプレゼンしたほうが説得力があるはずです。

私は、気難しそうな人を説得しに行くときは、若手社員をあえて一緒に連れて行くことがあります。その前に、若手社員にプレゼン資料を見てもらい、その人の意見を反映させたうえで、「私の部下が頑張って企画をまとめたので、本日はどうぞよろしくお願い致します」と若手社員にプレゼンをしてもらいます。そのほうが、私がプレゼンするよりもキツイ意見が返ってきませんし、冷静に聞いてもらえるからです。

部門長のなかには、自分の手柄にしたいと考えるからか、部下がまとめた企画書やプレゼン資料をあたかも自分がつくったかのように、役員にプレゼンする人がいますが、私はまったく逆。手柄なんて一切いらないし、自分の承認欲求や満足感なんてどうでもいい。**とにかく企画が通ればそれでいいのです。**みなさんも、そういう考え方に変えていけば、きっと企画が通りやすくなるはずです。

この本では一貫して、感情にフォーカスした説得についてお話ししてきましたが、実は、説得をするには、相手の感情だけでなく**自分の感情も考慮することが必要**です。そうすれば、「説得を人に任せよう」「誰が説得しようが、企画が通れば問題ない」という考え方に思い至ることができるでしょう。

企画に反対するときも同様に、説得力のある人に反対してもらったほうが、相手は納得します。

20代、30代女性向けの化粧品の企画に対して、「そんなものは売れない」と50代のベテラン社員が否定したら、「いや、あなたターゲットじゃないから。20代、30代のターゲットの趣向はわからないでしょ」と思われてしまいますし、さらに関わっているメンバーはとてもやる気をなくすでしょう。

自分とターゲットがズレている商品やサービスのことは、口を出さないほうがいい、と私は考えています。実際、私は20代~30代向け商品やサービスの企画に対しては一切コメントしないようにしています。**「何か助けが必要なときに呼んでください」**と、自分はターゲットユーザーではないので、コメントは控えめにして、サポートするスタンスをとっています。

A

Q 説明する時間が少ないときは？

事前にプレゼン動画をつくって送る

説得するために、プレゼン資料をつくるのは普通ですが、私は動画をつくったことがあります。

あるとき、役員会の前に、自分の企画を説明したらどれぐらいかかるか、プレゼンの時間を測ったところ、どんなに頑張って早口で説明しても30分かかりました。私の持ち時間は15分。まして役員メンバーは正直、お年を召した方たちばかりですし、最新鋭のテクノロジーの話を15分で説明できるとは思えません。

そこで動画を作ったのです。

そして、実際の役員会は事前に動画を見ていただいたという前提で質疑応答から入ります、とだけ伝えました。その結果、提案はうまくいき、企画は通りました。

やれることはとにかく何でもやることが大切です。多少手間だとしても、**そのひと手間**

が説得の成否を決めます。

Q ひがみや妬みにどう対応すればいい?

A 反応しない、気にしないが鉄則

「説得は相手の感情を考慮することが大切」であることはすでにお話ししましたが、とくに社内での説得につきまとうのは、ひがみや妬みです。

たとえば良い内容の企画案なのに、「部下が成功するのは嫌だ」と嫉妬深い上司が、全力で叩きつぶしてくる……。こういうときは、いくら機能面や感情面のベネフィットを語ったとしても、絶対に説得できません。

こういう状況においても説得するためには、ひがみや妬みをさらに上から押しつぶすような説得をする……という方法もありますが、誰にでもできる方法ではありません。

現実的なのは、ひがみや妬みに当たらないようにくぐり抜けることです。そのうえで、もしひがみや妬みに直面してしまったら、こちらは感情的にならず、いったん言わせておくほうが得策です。むやみに反応したり、論破しようとしたりすると、さらにひがみや妬みを加速させてしまう可能性もあるので気をつけましょう。

Q メールで何度も依頼をしているが、対応してもらえない

A 「なぜ対応してもらえないのか」を考える

メールで何かを依頼しても対応してもらえない場合は、「なぜ対応してくれないのか」を考えると良いでしょう。

後回しにされてしまう理由はいろいろありますが、私の肌感覚で意外と多いと感じるのは、「相手がどう対応していいのかがわかっていないから」です。

たとえば先日、アメリカの視察ツアーを企画した際に、こんなことがありました。参加される大学や企業の方にプロフィールの記入をメールでお願いしたのですが、なかなか返

信を頂けませんでした。

この参加者にしてほしかった行動は、「Excelファイルに名前と所属を記入してもらう」ということ。そこで私は、**Excelのリスト画面をスクショしてメール文面にそのまま貼り付け、「ここの空欄に記入してください」とビジュアルでわかるようにした**のです。するとと、参加される皆様から一気に入力していただくことができました。要は何をしていいのか、パッと見でわからなかったために、対応していただけなかったのです。

いずれにしても、メールでの依頼は、自分が思うよりもはるかにわかりやすく書かないと、相手に理解されない。そう考えておいたほうが良いでしょう。

「どんな件名にすべきか」「冒頭に何を書くべきか」「構成はどうするか」など、相手に読んでもらい、行動を起こしてもらうメールの書き方、送り方については、専門の書籍やウェブ記事も出ているでしょうから、そちらを参考にしてみてください。

理解しておくべきは、役職が上がれば上がるほど、受け取るメールの数は多くなり、一通一通を丁寧に読んで対応する時間はないということ。見てもらうためには、メール文章だけでなく、送信する時間帯、相手のスケジュールを見据えたタイミングなどまで配慮できることが大切です。

あとがき

「まえがき」でも少し述べましたが、この本を書こうと考えたのは、かつてP&Gでマーケティングのキャリアを積んだことがきっかけにあります。その過程で、マーケティングと説得の原則・プロセスが非常に似ている、と気づいたことに端を発しています。

マーケティングとは、「商品を効率的に売るための仕組みを作ること」です。具体的には、商品やサービスが多くのお客様の手に届くよう、まずは注目を集めて、お客様と信頼・信用関係を作っていきます。そして、心に刺さるような広告（メッセージ）を作り、生活の中で役立つ商品だと理解いただいて、購入していただくプロセスを指します。

この一連のマーケティングの流れが、説得と非常に似ていて、わかりやすく言うと、説得がマーケティング戦略の根幹を形成している、と気づいたのです。

さらに商品やサービスの開発にもマーケティング的思考が取り入れられています。お客様の不満や不安、インサイト（購買の根拠や動機）を探っていき、仮説レベルでお客様が抱える問題を定義していきます。その延長線に、商品やサービスが誕生します。

このように一貫して、商品開発から販売までには説得の本質が内包されています。

また、10年、20年と長い時間軸をかけて洗練させていくブランド戦略においても、説得の原則・プロセスとの共通点は多いと感じています。たとえば消費者のニーズや欲求を深く理解することで、洗剤やファブリーズなどが、お客様にとって必需品に変わっていくのを体感してきました。その経験から、一つのマーケティングキャンペーンをとっても、その成功の裏側には人間の感情や行動に関する深い理解が必要であることも学びました。

これらの経験から私が導き出したのが、本書でまとめた「Ｙｅｓ Ｃｏｄｅ」です。それは単なるテクニックや戦術を一つのパッケージにしたものではありません。マーケティング環境のあらゆる側面に浸透している考え方であり、一種の哲学のようなものなのです。

私自身、「Ｙｅｓ Ｃｏｄｅ」を書き進めていく中で、この説得の原則はマーケティングの領域を超えて、広告代理店と協業する場面や、社内チームでのリーダーシップの取り方、役員会での議論をナビゲートしていくところまで広がっていることを改めて実感しました。

それは本質的に人間が持っている、お互いに相互作用していく一連の流れです。ドアが目の前にあって、その中をのぞくと、心があり、さらに踏み進めていくと思考のゲートにたどり着く。そんなフローにおける一つの鍵なのではないかと考えています。

長年にわたる経験と洞察を振り返ると、「Ｙｅｓ Ｃｏｄｅ」は単なる本のタイトルではなく、行動への呼び掛けであり、人生のあらゆる側面にインパクトがあります。本書で紹介したように、正しい考え方とステップを踏んで学んでいけば、自分たちが望むような結果を与えてくれるし、世界に対して前向きな変化を生み出すパワーをもたらしてくれると考えています。

世の中は、ＡＩやビッグデータなどによってより複雑化したデジタル社会が到来していますが、そうした時代においても、「Ｙｅｓ Ｃｏｄｅ」のような普遍的な原則は変わらず重要であり、この原則を応用できる人こそが、デジタル時代を生き抜いていけるはずです。

この「Yes Code」を活用することで、読者の皆様が新たな自分自身の可能性を解き放って、多くの共感（Yes）を獲得し、たどり着きたいと願っていたゴールにたどり着けることを祈っています。

最後になりましたが、構想段階からいつも献身的にこの2年間伴走し続けてくださったかんき出版の米田編集長と杉山さん、企画を練り上げてくださった、笹原さんと渡辺さん、落合さん、皆様の熱意とプロフェッショナリズムに深く感謝しています。

推薦文を寄せて頂いたハーバード大学フェローのフェアリーさん、そして常にぶれないゴール設定をしてくださったメンターのニッキーさんとエリックさんにも心から感謝申し上げます。

また、一般の会社員でありながら、執筆活動を続けられたのは、ロート製薬の仲間のおかげです。彼らのサポートで、ここまで来れました。皆さんの応援が私の大きな励みになりました。最終稿を入念にチェックしてくださった広報の塚田さん、本当に有難うございました。

そして、私のキャリア人生において最も尊敬する上司である瀬木さんには特に感謝の気持ちを伝えたいと思います。瀬木さんの温かい指導と揺るぎないサポートがなければ、私は今の自分になれなかったでしょう。常に背中を押してくださり、挑戦し続ける勇気を与えてくださったことに、深く感謝しています。

何より大きな支えとなったのは、家族、特に娘のアイナの存在です。アイナの純粋なアドバイスは私の制作活動の原動力であり、自分はアイナの幸せのために生かされていると実感しています。

この本が、一人でも多くの方に手に取っていただき、何かしらのお役に立てれば幸いです。心からの感謝を込めて。

2024年6月
平田貴子

【著者紹介】

平田　貴子（ひらた・たかこ）

◉――ロート製薬の経営企画部 新規事業開発部長、VP of New Business Development。アメリカ市場でのヘルスケアセグメントにおける投資戦略を担当。アメリカのスキンケア子会社の役員も兼務。

◉――P&Gのマーケティング・デザイン・マネージャー として、「ファブリーズ」など主要製品ラインの国内、米国および中国市場におけるブランド戦略を立案。その後、イオンのブランド戦略担当ディレクターとしてＰＢ「トップバリュ」事業に携わる。

◉――ハーバード・メディカル・スクール-MITのヘルスケア・イノベーション・ブートキャンプの唯一の日本人修了証保持者（2021）。UCLA-NUS（シンガポール国立大学）エグゼクティブMBA卒。2022年4月に『The Virtual Leader : How to Manage a Remote Workplace』をアメリカ、フランス、スペインで発売し、ウォール・ストリート・ジャーナルベストセラーを獲得。和書は、本書が初めて。

頭《あたま》のいい人《ひと》だけが知《し》っている説得力《せっとくりょく》

2024年７月８日　第１刷発行

著　者――平田　貴子

発行者――齊藤　龍男

発行所――株式会社かんき出版

東京都千代田区麹町4-1-4 西脇ビル　〒102-0083

電話　営業部：03(3262)8011㈹　編集部：03(3262)8012㈹

FAX　03(3234)4421　振替　00100-2-62304

https://www.kanki-pub.co.jp/

印刷所――TOPPANクロレ株式会社

ISBN978-4-7612-7738-3 C0030